똥에도
도가 있다고?

질문하는 사회 08

똥에도 도가 있다고?

동양철학

김시천 글 신병근 그림

나무를 심는 사람들

잃어버린 길을 찾을 수 있을까?

여러분은 산속의 길을 걸어 본 적이 있나요? 도로와 차도, 지하철과 고속 도로가 바둑판처럼 잘 정리된 도시에서 길을 잃을 염려는 별로 없어요. 하지만 낯선 산속의 길을 가다 보면, 나무가 자라고 풀이 우거져서 길인지 아닌지 구분하기가 어려울 때가 있어요. 하지만 좋은 눈을 가지고 있다면 다른 사람보다는 길을 쉽게 찾을 수 있지 않을까요?

2020년 우리는 이제 옛날로 돌아갈 수 없는 전혀 새로운 세계에서 살게 될 것이라는 말을 자주 듣고 있어요. 나노미터라는 단위는 1미터의 10억분의 1에 해당하는 아주 작은 단위인데, 겨우 100나노미터밖에 되지 않는 코로나 바이러스가 순식간에 세상을 바꾸어 버렸어요. 학교도 멈추고, 차도 멈추고, 집에 갇혀 지내는 사람이 세계적으로 수십 억이나 되는 그런 일이 일어났어요.

어쩌면 우리가 앞으로 살아가게 될 세상은 오랫동안 사람이 다니지 않아 이제 길마저 희미해져 버린 산속의 길과 비슷한지 몰라요. 분명 우리가 가야 할 길은 있는데, 그 길이 나무와 풀로 뒤덮여 잘 분간이 되지 않는 그런 길 말이에요. 우리가 그런 길을 잘 찾아 걸어가기 위해서는 밝은 눈을 가져야 할 거예요. '철학'은 그런 밝은 눈에 비유할 수 있어요.

요즘 우리가 가장 많이 듣는 이야기 중에 하나가 '코리아 모델'이라는 말이에요. 과거 한국 사람들은 '코리아 타임'이란 별명을 듣기도 했어요. 약속을 하면 늘 늦는 한국인들을 조롱하는 표현이죠. 산업화된 현대 사회에서 잘 적응하지 못했다는 뜻이에요. 그러다 1980년대를 넘기면서는 한국인의 가장 중요한 특징으로 '빨리빨리 문화'가 꼽혔어요. 뭐든 서두른다는 뜻이었죠.

그런데 2000년대에 들어서면서 '빨리빨리'는 '다이내믹'이라는 말로 의미가 바뀌었어요. 눈부시게 성장한 경제는 물론 방탄소년단으로 대표되는 K팝, 스마트폰, 영화를 비롯하여 세계를 선도하는 과학 기술 강국이자 경제 강국으로 성장해 왔어요. 특히 코로나19로 인한 감염병의 세계적 대유행인 팬데믹 상태가 오자 한국의 적절한 대응은 세계적인 모델이 되고 있어요.

이제 한국의 진단 방식이 세계의 표준이 되고, 한국의 대처 방식이 온 세계에서 배우고 수용하려는 기준이 되고 있어요. 이제 우리가 걸어가는 길은, 서양의 지식을 수입해서 배우는 방식으로는 할 수 없는 일이에요. 곧 우리가 만드는 것이 전혀 새로운 것일 수 있다는 뜻이에요.

그러면서 동시에 세계의 모든 사람이 공감하고 받아들일 수 있는 것이어야 한다는 조건이 있어요. 그러기 위해 가장 필요한 것이 무엇일까요? 바로 길을 찾을 수 있는 눈을 기르는 일이에요. 철학은 우리의 머리와 가슴의 능력을 최대한 키울 수 있는 가장 좋은 학문이자 방법이에요. 여기서 더 중요한 것은 서양의 것만으로는 불충분해진 시대가 되었다는 점이죠.

이제 우리는 우리 자신의 과거 유산으로부터 새로운 영양분을 얻어야 할 때예요. 낡은 것이 아니라 잃어버린 길을 되찾는 그런 마음으로 우리의 옛것을 새롭게 찾아보아야 한다는 뜻이에요. 여러분도 잃어버린 길을 찾을 수 있는 눈을 갖고 싶지 않나요? 어쩌면 이 책은 그런 눈을 가질 수 있는 작은 길잡이가 될 수 있지 않을까 싶어요.

이제 희미해져 잃어버린 듯하지만, 앞으로 우리를 새로운 미래로 안내할, 그런 길을 함께 걸어가 볼까요?

2020년 6월

김시천

차례

4장

철학에도 기원이 있다고?

동양 철학

5장

문화가 다르면 생각도 다를까?

동서 철학의 차이

6장
옛날의 지혜가 오늘에도 통할까?

1장

싸우지 않고 살 수는 없을까?

유가

1

배우지 안코도 살 수 있을까?

여러분은 혹시 스마트폰 없이 살 수 있나요? 또 게임을 하지 않고 살 수 있나요? 스마트폰과 게임에 익숙해지면 그것들이 없는 세상을 상상하기 어려울 거예요. 그런데 처음부터 스마트폰을 척척 사용할 수 있는 사람은 없어요. 처음 하는 게임에서 상대를 이기는 사람도 없을 거예요. 사실 이것들도 모두 배우고 익혀서 잘하는 것이니까요. 이 세상 어느 것이든 배우지 않고 할 수 있는 것이 있을까요?

공부가 즐거운 사람은 아마 거의 없을 거예요. 학교와 집과 학원을 오가며 하루 종일 책과 씨름해야 하는 공부가 즐거울 리는 없어요. 만나는 사람마다 "공부 열심히 해라!"라는 말밖에는 할 줄 아는 말이 없는 듯이 보여요. 그래서 공부는 하기 싫은데, 억지로 하는 것이 되어 버렸어요.

그런데 공자는 『논어』의 첫마디를 이렇게 시작합니다. "배우고 때때로 익히면 기쁘지 아니한가!" 공부에 지친 우리에게는 참 이해하기 어려운 말이에요. 공자가 이상한 사람이라서 그런 것일까요, 아니면 무언가 다른 뜻이 있는 걸까요?

아마도 그 이유는 '배운다'는 말의 뜻에 숨어 있는 것 같아요. 여기서 '배우다'는 뜻으로 풀이하는 '학(學)'이란 글자는 본래 '부모와 스승이 하는 것을 보고 따라 하다'는 뜻이에요. 둥지에 머물던 새끼 새가 어미 새가 날갯짓하는 모습을 보고, 똑같이 따라 하다가 날개를 펴고 하늘을 나는 순간을 상상해 보면 어떨까요?

사실 우리의 하루하루는 온통 '배우는' 일로 가득해요. 처음

걸음마를 시작해서 뛰어다니기까지 우리는 수없이 뒤뚱거리고 넘어지곤 하죠. 말을 하는 것도 몇 년에 걸쳐 부모와 선생님께 배워야 합니다. 배우는 과정, 익히는 과정이 없이 저절로 할 줄 아는 것은 사실 없어요. 그런데 우리는 책으로 공부하고 시험 보는 것만 배우는 것이라 생각해서 공부가 싫은 것이죠.

'배우다'는 무슨 뜻?

조금 더 시야를 넓혀서 생각해 볼까요? 스마트키로 현관문을 여는 법부터 컴퓨터를 켜는 법, 가스레인지를 켜는 법 등등을 모르고 살 수 있을까요? 새로운 물건을 택배로 받으면 '사용 설명서'를 보는 까닭은 '배우고 익히기' 위해서예요.

이렇게 보면 우리가 배우지 않고 살 수 없다는 게 너무 당연해 보여요. 그런데 공자는 단지 배우는 것만을 말하지 않아요. 잘하기 위해서는 '익혀야' 한다고 말합니다. 똑같이 수영을 배워도 수영 실력은 사람에 따라 다르죠. 손흥민 선수가 골을 넣는 장면을 보면, 정말 놀라울 정도예요. 똑같이 배워도 다른 법이죠.

그런데 공자는 이로부터 더 나아가 잘 살기 위해서 배워야 하는 것의 중요성을 말합니다. 누가 '배우기를 좋아하느냐?'는 물음에 공자는 "안회라는 제자가 있는데 배우기를 좋아합니다. 자신의 화난 감정을 다른 사람에게 화풀이하지 않고, 같은 잘못을 두

번 되풀이하지 않습니다."라고 답합니다.

결국 사람은 다른 사람들과 더불어 살 수밖에 없어요. 우리는 주변의 사물을 잘 이용하는 방법도 배우고 익혀야 하지만, 공자는 잘 살기 위해서는 다른 사람과 잘 지내는 법을 배우고 익혀야 한다고 생각했어요. 사람다운 인격을 갖추고, 다른 사람을 대하는 적절한 행동의 방식인 '예(禮)'를 잘 배우고 익히는 것이야말로 가장 중요한 배움이라고 생각했어요.

공자의 말을 기록한 책인 『논어』는 사람이 배우고 익히며 살 수밖에 없는 인간임을 말하고 있어요. 배움은 단지 학교 공부가 아니라 우리 삶 전체와 관련되어 있어요. 다시 말하면, 행복한 삶을 위해 우리가 배우고 익혀야 하는 것들을 강조한 것입니다.

공자(孔子, 기원전 551~479) 유학 혹은 유교의 창시자로서 동아시아의 역사와 문화에 가장 커다란 영향을 미친 철학자이자 사상가이다. 고대 중국의 노(魯)나라 하층 귀족인 사(士)로 태어나, 이미 30대에 스승으로 이름을 날리기 시작했고 수많은 제자들을 길러 내어 당시는 물론 후대의 사회에 커다란 영향을 미쳤다. 그가 제자들 및 동시대인들과 나눈 대화를 모은 『논어(論語)』는 정치와 철학, 문화와 예술, 종교 등에서 유교 전통의 뿌리가 되어 지난 2,500년간 최고의 경전으로 읽혀져 왔다.

2

생긴 것만 사람이라고 다 사람일까?

앞에 칼과 펜이 있다고 가정해 보세요. 여러분은 이 둘 가운데 하나를 골라 사람들을 움직여야 합니다. 어느 것이 다른 사람을 여러분 뜻대로 움직이게 하기가 쉬울까요? 당연히 칼로 협박하는 것이 쉽지 않을까요? 그런데 칼로 위협해서 남을 복종시키는 것은 강도나 폭군이 하는 일이죠. 공자는 칼 대신 펜으로 사람을 움직여야 한다고 말합니다. 그것을 '인(仁)'이라 했어요.

누구나 '짱'이 되고 싶어 해요. 얼굴이 예쁘거나 잘생긴 사람은 '얼짱'이라 하고, 멋진 몸으로 가꾼 사람은 '몸짱'이라 하죠. 사실 이런 '짱'이라는 말 속에 숨어 있는 뜻은 '뛰어남'이란 뜻이에요. 예컨대 전쟁에서는 용감함이 '뛰어남'이 되고, 조각을 하는 예술가에게는 기예가 '뛰어남'이 되겠죠? 옛날 그리스에서 추구했던 것이 바로 이 '짱'에 해당하는 말이에요. 그것을 '아레테(aretē)'라고 했어요.

공자도 이와 비슷한 이야기를 했어요. 공자가 말하는 최고의 미덕인 '인(仁)'도 사실 오늘날 우리가 쓰는 '짱'에 해당하는 말이에요. 그래서 서양 사람들이 처음 공자의 '인'을 옮길 때 '뛰어남'이라고 번역하기도 했어요. 그런데 '뛰어남'이란 것이 어느 한 가지만을 뜻하지는 않아요. 수많은 뛰어남이 있으니까요.

공자 이전에 '인'은 주로 전사들로 이루어진 남성 귀족들이 강조하던 덕목이에요. 사냥을 하고 전쟁에 나가 싸워야 했던 귀족들에게 '인'은 본래 '귀족다움', '남성다움', '용감함'을 뜻하는 말이었어요. 주로 전사에게 필요한 미덕에 해당하는 말이었지요. 그런데 공자는 이 말의 의미를 전혀 다른 뜻으로 바꿔서 사용했어요.

다친 사람은 없느냐?

이를 알 수 있는 중요한 일화가 있어요. 공자가 관리로 있던 시절의 일이에요. 어느 날 공자가 근무를 마치고 집으로 왔는데, 마구간에 큰불이 났다는 말을 들었어요. 그런데 공자는 피해가 얼마나 큰지는 따지지도 않고 단지 "다친 사람은 없느냐?"라고만 물었다고 합니다. 사람들은 공자의 행동에 크게 감동하고, 그 뒤로 공자의 명령에 잘 따랐을 거예요.

공자의 시대에 접어들면서 귀족 전사들이 지배하던 세상은 몰락해 가고 있었어요. 공자는 새로운 시대에 백성들을 이끄는 미덕은 칼이 아닌 말이고, 폭력이 아닌 설득과 공감에 있다고 생각했어요. 그것을 공자는 '인'이라 했던 거예요. 칼은 일시적으로만 복종시킬 수 있을 뿐 진정한 다스림이 될 수 없다고 본 것이에요. 마구간에서 보여 준 공자의 행동은 '인'이 무엇인지를 잘 보여 줍니다.

어느 날 제자가 공자에게 묻습니다. "백성들이 많다면 무엇을 먼저 해야 할까요?" 그러자 공자는 "부유하게 해 주어야 한다."

20

고 답합니다. 또 어느 제자가 '인'에 대해서 묻자 공자는 "다른 사람을 사랑하는 것"이라고 답합니다. 공자는 군주가 자신의 야망을 펼치는 것이 정치의 본질이 아니라, 백성이 원하는 바를 이루어 주는 것이라고 생각한 거죠. 그것을 '인의 정치'라고 합니다.

공자는 귀족 전사들의 미덕이었던 용감함으로서의 '인'을 백성을 사랑하는 군주의 정치 미덕으로 바꾸었던 것이죠. 백성을 부유하게 하고, 그들의 생명과 재산을 아껴 주는 것을 '인'이라 한 것입니다. 이런 생각의 바탕에 흐르는 근본적인 원리가 있어요. 바로 공자가 말하는 '너그러움'입니다.

한 제자가 평생 간직할 만한 가르침을 청하자, 공자는 '너그러움'이라고 대답하면서 "네가 다른 사람에게 받기를 원하지 않는 것을 남에게 행하지 말라."라고 풀어서 설명해 줍니다. 이렇게 보면 '인'이란 통치자들이 갖추어야 할 최고의 미덕으로서, 사람이라면 누구나 따를 수 있는 행동의 원리이기도 합니다. "네가 원하지 않는 것을 남에게 하지 말라."는 것은 현대 윤리학에서는 '황금률'이라고 부르기도 해요.

사람의 모습을 하고 있다고 해서 모두가 사람인 것은 아닙니다. 사람이 사람다울 때 우리는 그를 사람이라고 하지요. 그 '사람다움'은 시대에 따라 다를 수 있어요. 공자는 칼 대신 말로, 폭력 대신 설득으로, 전쟁 대신 공감과 평화로 다스릴 것을 주장하며, '인'을 제창했답니다.

3

내 자리를 지키는 것이 주요하다고?

지하철 승강장에서는 누구나 줄을 서서 기다립니다. 그런데 왜 줄을 서는 것일까요? 1980년대만 해도 버스나 지하철을 탈 때 줄을 서는 문화가 없었어요. 그러다 보니 서로 부딪히고, 싸움이 나기 일쑤였어요. 하지만 요즘 그런 일은 거의 일어나지 않죠. 줄을 서서 순서대로 타고 내리기 때문이에요. 사회 질서의 출발은 여기에 있는 것이 아닐까요?

1996년 유엔 인권 위원회는 가슴 아픈 보고서를 하나 채택했어요. 보고서를 만든 이의 이름을 딴 '라디카 쿠마라스와미'라는 이 보고서에는, 일제 강점기 때 일본군에 의해 강제로 끌려가 수없이 성폭행을 당한 군 '위안부'는 '성 노예'였다는 내용이 담겨 있어요. 그해 4월에는 국제 노동 기구도 일본군의 '위안부'는 성적 학대 행위에 해당한다고 발표했어요.

예전에는 일본군 '위안부', 정신대 등으로 불렸지만 이제는 '성 노예'라고 불리면서 그 잔혹하고 끔찍한 사건의 진상이 이름을 통해 잘 드러난 것이에요. 일본 국민의 본분이나 도리라고 변명했던 정신대나 '위안부'가 '성 노예'라고 바꾸어 불리면서 인간으로서 하지 말아야 할 심각한 인권 훼손이라는 의미로 바뀐 것이죠.

'이름을 바로잡다'는 뜻으로 풀어지는 '정명(正名)'은 바로 이런 상황을 가리키는 말이에요. 더 정확하게는 '명분을 바로잡다'라는 뜻이에요. 즉 '그 이름에 합당한 몫'을 정하는 것이 정명이에요. 위안부나 정신대가 '성 노예'로 바뀌게 되면서, 일본은 반문명,

반인륜적인 끔찍한 짓에 합당한 책임을 져야 한다는 생각이 분명해지는 것이죠.

이름을 바로잡다, '정명'

그런데 '이름을 바로잡다'는 정명의 바탕에는 또 다른 의미가 숨어 있어요. 그것은 바로 이름이 의미하는 값에 맞추어야 한다는 것이에요. 우리말로는 '~답다' 혹은 '~다움'이라고 할 수 있어요. 공자는 "군주는 군주다워야 하고, 신하는 신하다워야 하고, 아버지는 아버지다워야 하고, 자식은 자식다워야 한다."고 했답니다.

이것을 조금 어렵게 말하면 "이름은 실질에 부합해야 한다."는 뜻을 담고 있어요. 반에서 회의를 할 때 사회자는 사회자대로, 참여자는 참여자대로 해야 할 역할이 있을 거예요. 그런데 참여자가 사회자를 무시하고 제멋대로 발언한다면 제대로 된 학급 회의가 진행될 수 없어요.

마찬가지로 사회나 기업, 국가 등 어떤 인간의 조직에는 일정한 역할과 직책이 있게 마련인데, 그런 역할과 직책을 무시하고 제멋대로 행동한다면 그것은 실질을 벗어난 것이 되겠죠. 박근혜 대통령이 탄핵된 것은 바로 대통령으로서의 실질을 하지 못하고, 대통령으로서의 소임을 다른 사람에게 맡겼기 때문이에요. 이때 박근혜를 헌법 재판소에서 탄핵한 것이 바로 '정명'에 해당하는 것입니다.

이렇게 보면 공자가 말하는 '정명'은 두 가지 의미를 가진다는 것을 알 수 있어요. 하나가 일본군 '위안부'를 '성 노예'로 바꾼 것과 같이 '명분을 바로잡다'는 뜻이 있다면, 다른 하나는 박근혜 탄핵처럼 이름과 실질이 일치해야 한다는 뜻으로 '명실을 바로잡다'에 해당해요. 이 두 가지는 모두 이름으로 현실을 교정한다는 취지를 갖고 있어요.

지하철이나 버스를 탈 때 우리는 줄을 서서 순서를 기다리지요. 그렇다면 그 순서는 어떻게 정해지나요? 누가 알려 주지 않더라도 당연히 먼저 온 사람이 앞에 서기 마련이에요. 이 순서가 바로 우리 자리가 되는 것이고, 이 순서를 따를 때 지하철과 버스를 타고 내리는 일은 갈등 없이 효율적으로 이루어질 거예요.

이 과정에서 우리는 구태여 말하지 않지만, '먼저 온 사람'과 '나중에 온 사람'이라는 이름의 자격으로 줄을 서는 것이에요. 만약 나중에 온 사람이 중간에 끼어들면 우리는 이렇게 말합니다. "끼어들지 마세요!" 이 말은 곧, "당신이 있어야 할 자리로 돌아가세요!"라는 뜻이에요. 바로 이 말 속에 공자의 '정명'이라는 생각이 담겨 있는 거예요. 이렇게 본다면 '정명'은 예나 지금이나 사회 질서를 유지하는 출발점이라고 할 수 있지 않을까요?

정원사가
조각가와
다른 까닭은
?

좁쌀만 한 씨앗을 심어 본 적이 있나요? 화분에 씨앗을 심고 물을 주고 햇볕이 잘 드는 곳에 두면, 얼마 뒤 싹이 트고 자라나 아름다운 꽃망울을 터트리죠. 그런데 씨앗이 어떤 모습의 화초로 자라날지 예상할 수 있나요? 우리는 단지 콩 심은 데 콩이 나고, 팥 심은 데 팥이 자란다는 것만을 알 뿐이에요. 이 사실을 안다면, 여러분은 이미 맹자의 성선설을 이해할 준비가 되어 있는 것이랍니다.

르네상스 시대의 예술가 미켈란젤로의 유명한 조각 작품 중에 〈다비드〉가 있어요. 성서에 등장하는 이스라엘의 영웅 다비드(다윗)가 골리앗이라는 거인 장군과 싸우려는 모습을 형상화한 조각 작품이죠. 그런데 이 아름다운 청년 다비드의 모습은 육중한 대리석 덩어리 속에 원래 있었던 것은 아니에요. 미켈란젤로는 자신의 마음속에서 다비드의 모습을 상상하고, 커다란 돌덩이에 지나지 않는 대리석을 깎아 조각으로 구현한 것이죠.

이때 미켈란젤로가 마주한 대리석 덩어리는 아리스토텔레스의 표현으로 말하면 '질료'라고 해요. 재료라는 뜻이죠. 그리고 미켈란젤로가 머릿속에 그렸거나 연필로 그린 스케치 형태의 다비드는 '형상'이라고 해요. 즉 미켈란젤로가 한 일은, 그가 머릿속에서 그린 '형상'을 '질료'인 대리석 덩어리에 구현해 낸 것이에요. 또 이 형상을 플라톤의 표현으로 말하면 '이데아'라고 해요. 즉 미켈란젤로는 인간 신체의 완벽한 모습인 '이데아'를 대리석상으로 조각해 낸 것이에요.

이렇게 서양 철학의 사유 방식은 조각가에 비유할 수 있어요. 실제로 그리스 철학의 '이성'은 종종 조각가나 장인 혹은 건축가에 비유되곤 했죠. 이와 달리 동양 철학은 정원사에 비유하면 쉽게 이해할 수 있어요. 정원사는 미켈란젤로처럼 자신이 가꾸는 풀과 꽃이 다 자라난 모습의 이상적인 형태를 마음속에 그릴 수가 없어요. 단지 정원사는 각각의 풀과 나무가 싱싱하게 무럭무럭 자랄 수 있도록 도와줄 뿐이죠.

인간의 본성은 선하다?

공자의 계승자인 맹자가 말하는 '성선설'은 정원사가 풀과 꽃을 대하는 방식으로 쉽게 이해할 수 있어요. '성선설'은 말 그대로 '인간의 본성은 선하다'는 뜻입니다. 그렇다고 현실의 모든 사람이 선한 말과 행동을 한다는 뜻은 아니에요. 정원에 같은 씨앗을 뿌려도 비와 햇볕을 듬뿍 받은 것은 싱싱하게 잘 자라지만, 그렇지 못한 것은 시들시들 제대로 성장하지 못해요. 맹자는 인간의 본성을 이런 식으로 이해했어요.

맹자는 인간의 타고난 본성 중에서 '사단(四端)'에 주목했어요. 사단이란 말은 '우리 마음속에 깃든 네 가지 뿌리'라는 뜻이에요. 이 네 가지 뿌리는, 불쌍한 사람을 측은히 여기는 마음인 측은지심(惻隱

之心), 어려운 사람에게 양보할 줄 아는 마음인 사양지심(辭讓之心), 잘못을 부끄러워할 줄 아는 마음인 수오지심(羞惡之心), 옳고 그름을 가릴 줄 아는 마음인 시비지심(是非之心)을 말하는데, 이런 마음들은 마치 꽃과 풀처럼 잘 자랄 수도 있고 제대로 자라지 못할 수도 있어요.

그래서 유학자들은 이 네 가지가 튼튼하게 뿌리내리게 하기 위해서는, 마치 정원사가 햇볕이 잘 드는 양지에 씨앗을 뿌리고 물과 거름을 제때에 주는 것과 같은 노력이 필요하다고 보았어요. 그것을 유학에서는 자기 수양 즉 '수신(修身)'이라고 불렀어요. 자기 수양이란 자기의 마음이라는 밭에 떨어진 '사단'의 씨앗을 잘 가꾸려는 노력에 다름없는 것이죠.

이렇게 각자가 자신의 타고난 본성을 어떻게 기르는가에 따라 각각의 품성이 다르게 나타나요. 어떤 나무는 꽃과 열매가 많은 반면, 어떤 나무는 꽃도 시들시들하고 열매도 거의 맺지 못하는 것처럼 각자가 스스로의 본성을 어떻게 기르는가에 따라 다른 품성을 갖게 된다는 뜻이에요. 이 품성을 요즘 말로 하면 '인격'이라 할 수 있어요.

품성과 인격이 훌륭한 사람은 상황에 맞게 선한 말과 행동을 잘할 수 있는 사람이겠죠. 그래서 품성이 뛰어난 사람을 맹자는 군자나 대장부 혹은 대인이라 부르면서, 이런 사람이 사회의 지도자가 되어야 한다고 보았어요. 사람들의 아픔에 쉽게 공감하고 이를 해결하려 하며, 불의한 일을 참지 못하고 사회 정의를 실현하려고 노력할 것이라고 본 것이죠.

맹자의 성선설은 인간의 행동을 설명하는 과학적 명제가 아니라, 마치 정원사가 각종 꽃과 풀을 가꾸는 것과 같은 시각에서 이루어진 주장이에요. 따라서 우리가 만나는 사람들 중에 종종 나쁜 사람이 있다 해서 맹자의 성선설이 비현실적이고 터무니없는 것은 아니에요. 오히려 우리 또한 우리 마음의 '네 가지 뿌리'를 튼튼하게 기르려는 노력이 필요하답니다.

맹자(孟子, 대략 기원전 371~289) 고대 중국의 추(鄒)나라에서 태어나 공자의 유학을 계승 발전시켜 공자 다음가는 성인으로 불린다. 젊은 시절 공자의 손자인 자사에게 배웠다. 특히 맹자를 교육시키기 위해 그의 어머니가 세 번이나 이사한 이야기는 매우 유명하다. 성선설과 왕도 정치에 대한 가르침은 그의 가장 유명한 유학의 이론으로서 조선의 성리학에서 매우 높이 평가, 계승되었다. 그가 제자들과 함께 펴낸 『맹자(孟子)』는 후대에 송나라 유학자인 주희가 '사서(四書)'로 모음으로써 가장 중요한 유학의 경전이 되었다.

즐거움은 함께하면 커진다고?

길을 가다 보면 길고양이를 마주치는 일이 흔해요. 가끔 상처를 입거나, 추운 겨울나무들 사이에서 옹송그리고 앉아 있는 모습을 보면 불쌍하기도 해요. 그래도 그들이 살아갈 수 있는 것은 매일 사료를 주는 누군가가 있어서 그런 것이겠죠. 맹자의 왕도 정치는 이와 아주 비슷한 이야기라 할 수 있습니다.

대략 기원전 4세기 초 무렵의 일이에요. 당시 중국의 동쪽 끝에 있던 제(齊)나라는 가장 부유하고 강한 나라였어요. 맹자는 당시 제나라를 다스리던 선왕을 통해 자신의 왕도(王道) 정치를 실현하고자 했어요. 하지만 선왕은 경제를 발전시키고 군사력을 키워 천하를 통일하는 데에만 골몰했지, 도무지 맹자의 이상에는 관심이 없는 듯했어요. 맹자는 적당한 기회를 기다렸어요.

그러던 어느 날, 선왕은 제사에 쓸 소를 끌고 가는 모습을 보게 되었어요. 사지로 끌려 가는 줄을 아는 듯 소는 발버둥을 치며 버티는데, 그 모습이 몹시 불쌍해 보였어요. 이를 차마 볼 수 없었던 왕은 소를 양으로 바꾸라고 명령했어요. 호흘이란 신하에게서 이 일을 들은 맹자는 곧바로 선왕을 찾아갔어요.

맹자가 말했어요. "정말 그런 일이 있었습니까?" 그러자 왕은 그렇다고 답했어요. 기회를 노리던 맹자는 이때다 싶어 그에게 왕도 정치에 대한 이야기를 꺼냈어요. "바로 그 마음이라면 왕도 정치를 행하기에 충분합니다." 왕은 맹자가 자신의 행동을 칭찬하자 솔직하게 이야기했어요. "아무 죄도 없는 소가 두려워 벌벌 떨며 사지로 끌려가는 것을 차마 볼 수 없어 그랬습니다." 왕이 웃으며 속마음을 털어놓자 맹자는 바로 자신의 이야기를 이어갔습니다.

"괜찮습니다. 그것이 바로 인(仁)을 실천하는 방법입니다. 군자는 짐승이 살아 있는 모습을 보면 차마 그것이 죽어 가는 것을 보지 못하고, 애처롭게 우는 소리를 들으면 차마 그 고기를 먹지 못합니다." 맹자가 칭찬을 이어 가자 선왕은 마음이 솔깃해져서 재차 물었어요. "그런데 그 마음이 왕도 정치를 행하기에 충분하다는 것은 어째서입니까?"

맹자는 비로소 자신이 하고 싶었던 이야기를 꺼냅니다. "지금 왕의 은혜가 짐승에게 미칠 정도로 충분한데, 그 공적이 유독 백성들에게는 미치지 않는 것은 무슨 이유입니까? 작은 깃털 하나를 들지 못하는 것은 힘을 쓰지 않아서이고, 수레에 땔감을 가득 쌓아 놓고도 보지 못하는 것은 제대로 보지 않기 때문입니다. 마찬가지로 백성들이 제대로 보호받지 못하는 것은 왕께서 은혜를 베풀지 않기 때문입니다. 그러므로 왕께서 왕도 정치를 펼치지 못하는 것은 하지 않기 때문이지, 못해서가 아닙니다."

공자의 가르침을 잇고자 했던 맹자는 사람다움의 철학인 '인' 사상을 한 단계 발전시켰어요. 사람다운 마음인 '인'은 누구나 타고나는 것으로 곧 어려운 처지에 있는 사람을 불쌍히 여기는 마음 즉 측은지심이 구현된 것이에요. 우리가 길거리에서 다친 채 옹송

그리며 앉아 있는 길고양이를 보면 불쌍하다 느껴지는 그 마음이, 맹자가 선왕에게 지적했던 것과 같은 마음이에요. 그것이 곧 측은지심이죠.

불쌍히 여기는 마음, 측은지심

선왕이 소를 양으로 바꾸라고 한 것처럼 측은지심은 사람으로 하여금 어떤 행동을 하도록 이끄는 힘이 있어요. 맹자는 바로 그런 마음이 이끄는 대로 불쌍한 처지에 있는 백성들을 위한 정책을 펴는 것이 바로 왕도 정치라고 말하고 있어요. 달리 말하면, '인'이 '사람답게' 행동하는 것이라면, 왕도란 '왕답게' 행동하는 것이라 할 수 있어요.

다른 날 선왕은 왕을 위해 꾸며 놓은 놀이동산을 자랑하다 맹자에게 물었어요. "선생이 존경하는 옛날 주(周) 문왕의 놀이동산이 사방 칠십 리였다 하는데, 정말 그렇게 커다란 규모였습니까?" 그러자 맹자는 "백성들은 오히려 너무 작다고 불만이 많았습니다."라고 말했죠. 맹자가 의외의 말을 하자 선왕은 재차 물었어요. "저런, 내 놀이동산은 겨우 사방 사십 리인데도 백성들이 너무 크다고 불만이거든요."

그러자 맹자는 이렇게 답했어요. "문왕의 놀이동산은 사방 칠십 리였지만 백성들이 들어가서 풀도 베고, 땔나무도 얻고, 꿩과 토끼도 잡을 수 있었습니다. 백성들과 함께 나누었으니 백성들이 작다고 생각하는 게 당연하지 않을까요? 제가 듣기에 제나라에서는 사방 사십 리 놀이동산에서 백성들이 사슴을 잡으면 죄로 다스린다 하던데, 백성들이 너무 크다고 생각하는 것은 당연하지 않을까요?"

맹자는 문왕의 놀이동산은 백성에게도 개방되었으나 선왕의 것은 오직 자신만을 위한 곳으로 사용하니 백성들의 태도가 다르다고 꼬집어 말한 거예요. 이 이야기를 맹자의 말로 하면 '여민동락(與民同樂)'이라고 해요. 즉 백성들과 즐거움을 함께한다는 뜻이죠. 그러니까 왕도 정치란 오늘날로 말하면 '공감의 정치'라 할 수 있어요.

옛 속담에 "슬픔은 나눌수록 줄고, 즐거움은 함께할수록 커진다."는 말이 있어요. 맹자가 말하는 '인' 사상이나 왕도 정치의 이론도 잘 헤아려 보면 이 속담과 다르지 않아요. 상처 입은 길고양이가 불쌍해서 매일 사료를 채워 주는 수많은 사람들의 행동도 마찬가지예요. 슬픈 일은 함께 나누고 즐거움은 함께 누리는 것, 그것이 일상의 삶이나 정치의 영역에서 행해진다면 바로 '인'이고 왕도 정치라 할 수 있지 않을까요?

6

천사는 악마를 이길 수 있을까?

VS

ANGEL

DEVIL

저녁밥도 먹지 못하고 밤늦게까지 학원에서 공부하고 집에 갔는데 할아버지, 할머니까지 온 가족이 다 저녁을 먹지 않고 나를 기다렸어요. 밥상을 차리자마자 숟가락을 들고 먹으려 하니 엄마가 "어른이 먼저 드시면 그다음에 먹는 거야."라고 꾸중하시네요. 도대체 밥 먹는 일에도 무슨 순서가 있는 걸까요?

영화를 보면 천사와 악마의 싸움을 소재로 한 것들이 무척 많아요. 특히 『성경』에 등장하는 악마 사탄이나 루시퍼가 현대의 숭배자들에 의해 부활하여 세상을 정복하려 하거나, 사람을 유혹하여 자신의 대리인으로 삼고 세상을 혼란하게 만드는 이야기들이 중심이에요. 영화는 이에 맞서는 주인공이 신의 도움을 받아 악마를 물리치는 결말로 끝나죠. 하지만 악마는 결코 죽지 않고 다만 사라질 뿐이에요. 새로운 부활의 기회를 노리면서요!

사실 천사와 악마의 전쟁은 인간의 마음속에서 일어나는 선악의 싸움을 구체적인 형태로 나타낸 것이에요. 아름다운 천사의 모습으로 선한 마음을, 흉측하게 생긴 악마의 모습으로 악한 마음을 형상화한 것일 뿐이죠.

성선설을 주장한 맹자는 인간의 선한 마음에 주목했다면, 성악설을 주장한 순자는 인간의 악한 마음에 주목했어요. 그래서 순자는 "사람의 본성은 굶주리면 배불리 먹으려 하고, 추우면 따뜻하게 입으려 하고, 피로하면 쉬려고 한다. 이것이 사람의 성정이다. 그런데 사람이 배고플 때 먹을 것을 보고도 감히 먼저 먹으려

하지 않는 것은 장차 사양해야 할 것이 있기 때문이다."라고 말했어요. 식탁에서 어른이 먼저 드시고 나면 그다음에 먹는 것이 예절 바른 행동이라고 한 엄마의 말과 같지 않나요?

순자가 말하는 본성은 오늘날 우리가 욕구나 욕망이라 부르는 것과 같아요. 욕구나 욕망은 그 자체로 나쁜 것은 아니지만, 잘못된 행동이나 나쁜 짓을 할 위험이 도사리고 있어요. 배고프다고 옆 친구의 도시락을 그냥 가져다가 먹으면 안 되겠지요?

인간의 본성은 악하다!

순자는 맹자의 성선설이 타고난 본성인 '성(性)'과 사회화된 행동인 '위(僞)'를 구분하지 못한다고 비판했어요. 굶주림, 추위, 피로감은 사람들이 싫어해서 피하려는 것이 본성인데, 그 본성대로 행하지 않고 웃어른께 양보하거나 할 일을 다 끝내고 쉬려는 것은 스승의 가르침 때문이라 생각했어요. 순자는 스승의 가르침을 잊지 않고 예의 바르게 행동하는 사람을 군자(君子), 제멋대로 행동하는 사람을 소인(小人)이라 불렀어요.

그런데 조금 깊이 생각해 보면, 맹자가 측은지심과 같이 인간의 선한 마음에 주목했다면, 순자는 악의적인 마음에 주목한 것이 다를 뿐이에요. 그래서 현대의 학자들은 맹자의 성선설과 순자의 성악설이 대립하는 이론이 아니라고 보기도 해요. 성선설에 따른다면 스스로 선한 마음을 기르려는 노력인 자기 수양을 강조하고, 성악설에 따른다면 스스로 악한 마음을 절제하게 만드는 교육을 강조하거나 또는 '법'이나 '예'로 규제할 것을 강조하겠죠.

이렇게 보면 동양이든 서양이든 설명에 차이는 있지만, 그 내용은 사실상 같아요. 영화처럼 천사는 악마를 이길 수 있을까요? 마찬가지로 우리의 선한 마음이 악한 마음을 이길 수 있을까요? 동서양의 윤리학이 우리에게 같은 물음을 다른 표현으로 던지는 것 같네요. 자신의 욕망이 이기적이고 잘못된 욕심이라면 그것을 누르고 타인에게 양보하는 것, 그것이 우리가 한 사회 안에서 함께 살 수 있는 유일한 방법이에요.

순자(荀子, 대략 기원전 300~230) 고대 중국의 조(趙)나라 출신의 유학자로, 법가 철학자인 한비자와 진(秦)나라의 재상을 지낸 이사의 스승으로 알려져 있다. 당시 가장 유명한 학교였던 제(齊)나라의 '직하'에서 오늘날 대학 총장에 해당하는 벼슬을 세 번이나 지냈다. 그의 주요 사상은 성악설과 예에 관한 것으로 알려져 있지만, 보다 정확하게 말하면 고대 중국의 유가 사상을 종합한 것이며, 이를 통해 이후 한(漢)나라의 유학 사상에 커다란 영향을 미쳤다.

사랑은 마음이 움직이는 거라고?

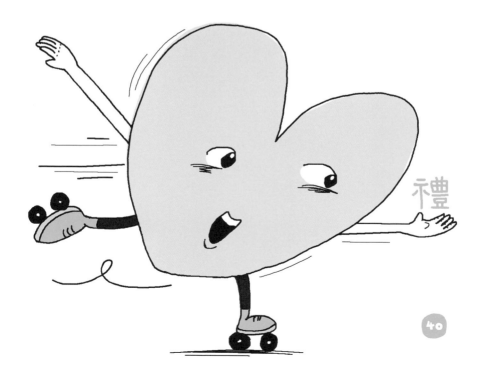

아주 오랜 옛날, 어떤 사람이 부모의 시신을 매장하지 않고 골짜기에 내다 버렸어요. 얼마 후에 그곳을 지나는데, 여우와 살쾡이가 시신을 뜯어 먹고, 파리와 모기가 들끓는 것을 보았어요. 차마 쳐다볼 수가 없어 진땀을 흘리던 그 사람은, 삼태기와 삽을 가지고 와서 부모의 시신을 흙으로 덮어 주었다고 해요. 이 이야기는 『맹자』에 나오는데, 장례(葬禮)의 기원을 설명해 주고 있어요.

. . . .

미국의 철학자 가운데 허버트 핑가렛이란 분이 있어요. 그는 우연한 기회에 동양 철학을 접하게 되었고, 그중에서도 공자의 '예'에 관한 사상에 감명을 받아, 한동안 연구해서 책을 냈어요. 그 책의 이름은 『공자: 성스러운 힘이 깃든 세속의 예』입니다. 핑가렛이 이 책을 쓰던 시기는 1960년대 말에서 1970년대 초로 미국에서 이른바 히피들이 기성세대를 비판하며, 마약을 하고 사회 규범을 무시하는 일들이 범람하던 그런 때였어요.

책의 서두에서 핑가렛은 이런 예를 들어요. 대학의 어느 한 강의실에 머리가 하얀 노교수가 들어와 강의를 시작하려는데, 마침 교재를 놓고 왔다는 걸 깨달았어요. 노교수는 앞에 앉은 한 학생에게 열쇠를 주며 자신의 연구실에서 교재를 가져와 달라고 부탁을 해요. 학생은 아무런 거부감 없이 열쇠를 받아 교수의 연구실에 가서 교재를 가져온다는 거예요. 핑가렛은 이 평범한 상황을 예로 들면서 이것이 바로 '예'에 깃든 신성한 힘을 보여 준다고 힘주어 말해요.

아마도 그 학생은 평소 노교수를 존경했을 거예요. 그러니 귀찮은 일을 시키는 데에도 불평하지 않고 바로 가서 교재를 가져다 주었던 것 아닐까요? 여기서 중요한 것은 어떻게 아무런 거부감 없이 그런 행동을 하느냐는 것이에요. 그래서 핑가렛은 사람이 행하는 '예'에는 일종의 신성한 힘이 깃들어 있고, 이 신성한 힘은 인간의 자연스러운 관계 맺음을 가능하게 해 준다고 설명해요.

'예'는 마음을 표현하는 방식이야

오랜만에 만난 친구와 악수하거나 껴안는 것은 서로에 대한 반가움과 친밀감을 표시하는 중요한 행동이에요. 이와 같은 행동은 인간이 마음속으로 느끼는 반가움의 감정을 자연스럽고 적절하게 표현하도록 도와줘요. 반가운 사람에게 눈을 부라리거나 손가락질을 하는 사람은 없죠. 즉 표현 형식인 '예'는 내용에 해당하는 우리 마음을 표현하는 방식인 거예요.

고대 중국에서 '예(禮)'의 기원을 말할 때 가장 쉽게 생각할 수 있는 것이 장례와 제사예요. 예라는 글자가 '제단 위의 그릇(豆)'에 '희생물(曲)'을 바치니 '조상신(示)'이 와서 이를 흠향하는 모습을 형용하고 있어요. 우리가 제사를 지내는 것은 돌아가신 부모님에 대한 그리움의 표현이에요. 온가족이 모여 돌아가신 분의 이야기를 나누며 살아 계셨을 때의 일을 회상하고 추억하죠.

『맹자』에서는 부모의 시신이 처한 상황을 보고 자식이 느낀 감정을 표현하고, 부모의 시신을 매장하게 된 까닭을 아주 간략하게 설명해 주고 있어요. 그러니까 유교에서 말하는 '예'는 인간의 자연스러운 마음을 표현하는 형식이에요.

순자는 '예'를 이렇게 설명하고 있어요. "예라는 것은 인간의 자연스러운 감정을 따르는 것을 근본으로 할 뿐이다. 따라서 어떻게 행동하라는 구체적인 규정이 없더라도 인간이 자연스러운 감정에 맞추어 따른다면 모두 예라고 할 수 있다."

사랑은 움직이는 것이라는 유명한 대사가 있어요. 사랑하는 사람이 바뀔 수 있다는 것을 뜻하는 유명한 말이죠. 하지만 다른 뜻으로도 이해할 수 있어요. '예'는 우리 마음속의 사랑이 움직여서 나오는 표현이라고요! 순자는 말합니다. 사랑은 네 마음이 움직이는 거야!

2장

자연으로 돌아가라고?

도가

8

하늘에도
길이 있다고
?

여행을 할 때 여러분은 어떻게 이동하나요? 비행기를 타고 갈 수도 있고, 승용차나 기차로 갈 수도 있죠. 교통수단이 달라지면 우리가 이용하는 길도 달라질 거예요. 어디로, 무엇을 타고 가든 우리는 길을 이용해야만 해요. 마찬가지로 이 세상의 무엇이든 움직일 때 따라야 하는 것이 있지 않을까요? 바로 그 길을 동양 철학에서는 '도(道)'라고 불렀습니다.

요즘에는 대부분의 사람들이 내비게이션을 이용하죠? 내비게이션은 교통 상황에 따라 길을 다르게 안내해 줘서 편리해요. 본래 설정했던 길이 막히면 다른 길을 안내해서, 최대한 빠른 시간에 도착하도록 도와주는 게 내비게이션의 특징이에요.

노자의 유명한 역설, "길을 길이라 말하면, 그것은 영원한 길이 아니다."라는 말은 내비게이션을 통해 보면 쉽게 이해할 수 있어요. 서울에서 강릉까지 가는 길을 내비게이션은 영동 고속 도로로 안내할 수도 있고, 제2 영동 고속 도로나 경춘 고속 도로로 안내할 수도 있어요. 상황에 따라 내비게이션의 안내는 바뀌기 마련이죠. 이렇게 보면 우리가 길을 따라가는 것은 분명하지만, 그 길은 상황에 따라 바뀔 수도 있어요.

노자의 '도(道)'는 '착(辶)'과 '수(首)'가 결합하여 만들어진 글자인데, '착(辶)'은 '길을 따라 걸어가다'란 뜻이고, '수(首)'는 머리에 장식을 한 어떤 사람이 이끌다, 안내하다는 뜻을 갖고 있어요. 즉 제사나 의식을 거행하기 위해 종교 지도자가 무리를 이끌고 성스러운 장소까지 길을 안내하며 걸어가는 모습을 형용한 글자에서 비롯되었어요. 내비게이션이 하는 일과 비슷하지 않나요?

따라야 할 길, '도'

그런데 어느 때부터인가 고대 중국의 철학자들은 이 '도'를 모든 사물과 자연 현상에까지 적용하기 시작했어요. 봄, 여름, 가을, 겨울처럼 사계절이 바뀌는 것은 하늘의 운동에 해당하는데, 이러한 하늘의 운동은 하늘의 길을 따라 반복되므로 그것을 '천도(天道)'라고 불렀어요. 마찬가지로 사람 또한 사회를 유지하고 생명을 보전하기 위해 따라야 하는 길이 있는데 그것을 사람의 길, 즉 '인도(人道)'라고 불렀죠.

이런 사고방식은 중요한 사고의 전환이 일어났음을 보여 줘요. 본래 고대 중국 사람들은 이 세계를 지배하는 것은 하늘, 즉 '천(天)'이라 생각했어요. 이 '천'은 주(周)나라 사람들의 조상신이기도 했어요. 백성을 내려 준 것도 '천'이고, 누가 왕이 될지를 정해 주는 것도 하늘의 명령, 즉 '천명(天命)'이었어요. 주나라의 무왕도 그 앞선 왕조인 상(商)나라의 마지막 임금 주왕을 쫓아낸 것은 천명에 의한 것이라고 주장했죠. 이것이 곧 "천명이 바뀌었다."는 뜻을 가진 말 '혁명(革命)'이에요.

'천'이 세계를 지배한다고 생각했을 때 가장 중요한 일은 하늘에 제사를 지내는 일이었어요. 더구나 주나라 왕실의 조상들은 죽으면 귀신이 되어 하늘로 올라간다고 믿었기에, 조상을 모시는 것과 하늘을 모시는 것은 같은 의미였어요. 그런데 이 하늘조차 따르는 '도'가 있다면, 과연 하늘은 가장 지고한 존재의 위치를 유지할 수 있을까요? 하늘보다 '도'가 더 높은 위치를 차지하게 되는 것이 아닐까요? 바로 이렇게 생각의 변화가 일어나기 시작한 거예요.

낮과 밤이 바뀌고, 사계절이 번갈아들고, 그에 따라 생명이 싹트고 성장하고 열매 맺고 다시 땅으로 돌아가는 등 우리가 오늘날 자연 현상이라 부르는 모든 것이 '도'를 따른다는 생각은, 자연 법칙으로 자연 현상을 설명하는 현대의 과학적 사유와 비슷해요. 그렇다면 사람은 어떻게 살아야 하고, 통치자는 어떻게 나라를 다스려야 할까요? 바로 '도'를 따르는 방법밖에는 없어요. 『노자』라는 책의 다른 이름이 『도덕경』인데 그 뜻은 '도와 덕의 경전'이에요. 바로 '도'를 제대로 알아야 이 세계를 이해할 수 있고, 사람들을 잘 다스릴 수 있다는 의미를 드러낸 것이죠.

이렇게 해서 '도'는 우리가 사는 세계 전체를 지배하는 원리와 같은 의미를 갖게 되었어요. 이것을 노자는 "사람은 땅을 본받고, 땅은 하늘을 본받고, 하늘은 도를 본받는데, 도는 '스스로 그러함'을 본받는다."고 요약하고 있어요. 즉 이 세계가 움직이는 방식인 '도'는, 마치 인간의 의지와 무관하게 스스로 그렇게 되어 간다는 뜻이에요. 이후 동양 철학은 이 '도'를 어떻게 이해할 것인가, 그리고 삶과 사회에서 어떻게 실현할 것인가를 두고 논쟁을 벌인 학문이라고 할 수 있어요.

하지만 이 '도'가 포괄하는 분야가 너무 광범위하다 보니 오늘날 우리들에게는 매우 어려운 측면이 있어요. 우주와 자연은 물론 국가와 사회, 윤리와 도덕, 심지어 예술과 종교에까지 모두 '도'라는 이름을 적용하다 보니 현대를 사는 우리가 쉽게 이해하기는 어려워요. 어쩌면 이것은 동양에서 인문학, 사회 과학, 자연 과학, 예술과 종교가 학문적으로 분리되지 않았기에 생긴 일이에요.

따라서 오늘날 우리가 과거의 철학적 용어인 '도'를 이해하려면 분야별로 나누어서 체계적으로 살펴야 할 필요가 있어요. 오래된 것이 꼭 뒤떨어진 것은 아니에요. 우리는 그 속에서 얼마든지 새로운 지혜를 얻을 통찰을 얻을 수 있으니까요. 과거의 지식에서 지혜를 가져오는 일은 앞으로 우리가 해야 할 숙제 같은 것이 아닐까요?

물처럼
살 수는
없을까?

여러분이 정류장에서 버스를 기다리며 초콜릿을 먹고 있어요. 그런데 갑자기 유치원생 꼬마가 와서 "우아, 맛있겠다. 나도 좀 주세요." 하고 손을 내밀면 여러분은 어떻게 하겠어요? 아마 대부분 초콜릿을 잘라서 나눠 주지 않을까요? 그런데 그것을 본 어떤 아저씨가 똑같이 여러분에게 초콜릿을 달라고 하면 어떨까요? 아마 몹시 놀라거나 당황할 거예요. 이런 차이가 왜 생기는 걸까요?

여러분은 혹시 이런 말을 들어 본 적이 있나요? "내가 덕이 없어서 이런 일이 생긴 거야." 할머니나 할아버지들은 예기치 못한 나쁜 일을 당하거나, 뜻한 대로 일이 풀리지 않을 때 종종 이렇게 말하곤 해요. '덕'이란 것이 무엇이기에 있기도 하고, 없기도 한 걸까요?

'덕(德)'은 본래 '힘'이란 뜻이에요. 그래서 노자가 말하는 '덕'을 영어로 종종 'power'라고 번역해요. 힘이 있으면 할 수 있는 일이 많죠. 특히 사람들을 제 맘대로 움직일 수 있어요. 그래서 힘은 종종 '권력'이라고 부르기도 해요. 어떤 조직이든 명령을 내리고 지시할 수 있는 사람이 갖고 있는 것이 바로 힘이자 권력이에요. 그런데 노자가 추구한 '덕'은 힘은 힘이지만 조금 종류가 다른 힘이에요.

여러분의 친구들을 생각해 보세요. 어떤 친구는 아무하고도 어울리지 못하고 혼자서 지내지만, 어떤 친구는 늘 여러 사람들에게 둘러싸여 있죠. 그 두 사람은 어떤 차이가 있는 걸까요? 어떤 친구에게 말을 걸고 싶고, 그 친구와 함께하고 싶다는 생각이 든다면, 그 친구에게는 다른 사람을 끌어당기는 어떤 힘이 있다고 해야 할 거예요. 노자가 눈여겨보았던 힘이 바로 이 힘이랍니다. 그것을 '매력'이라고 불러요.

우리가 TV나 영화, 유튜브 등에서 보는 인기인들이 갖는 힘 또한 이와 비슷해요. 연예인은 인기를 먹고 산다고도 하는데, 인기가 있다는 것은 곧 사람들을 끌어당기는 힘이 있다는 뜻이에요. 아이돌의 외모나 노래 실력은 수많은 사람들을 끌어모으죠. 세계적인 아이돌 방탄소년단은 전 세계 공연 투어를 다니며 몇 십만 명이나 되는 사람들을 끌어모아요. 바로 매력적인 가수이기 때문이에요.

부드러운 것이 굳센 것을 이긴다

노자는 이런 매력에 주목했어요. 특히 세상을 다스리는 군주들에게 이 힘에 주목할 것을 요구했어요. 버스 정류장에서 초콜릿을 달라는 꼬마와 아저씨의 차이도 마찬가지예요. 만약 여러분이 꼬마에게 초콜릿을 나눠 주었다면, 그 이유는 꼬마가 귀엽고 사랑스러웠기 때문일 거예요. 그러나 모르는 아저씨에게 초콜릿을 주었다면 아저씨가 무서워서 그러지 않았을까요? 그러곤 얼른 그

장소를 도망쳐 나왔겠죠.

노자는 "어린아이와 같이 될 수 있는가?" 하고 물었어요. 이 말의 뜻은 꼬마가 내게 초콜릿을 요구했을 때 스스럼 없이 초콜릿을 나눠 주었듯이, 조직의 리더나 책임자 혹은 국가의 통치자들이 가져야 할 힘이 바로 그 꼬마에게 있는 힘이라는 것이에요. 매력이 넘치는 사람에게 우리는 무언가를 주고 싶고, 함께하고 싶은 마음이 들잖아요?

이렇게 보면 노자가 말하는 '덕'은 '다른 사람을 이끄는 힘' 혹은 '다른 사람을 자발적으로 따르게 만드는 힘'이란 의미를 갖고 있어요. 그래서 영어 번역자들은 '덕'을 'attraction' 즉 매력이라고 옮기기도 해요. 노자는 바로 이 힘을 통치자가 가져야 할 힘이라고 제안했어요. 칼로 협박하는 폭력, 돈으로 유혹하는 금력, 이런 것들도 다른 사람을 복종시킬 수 있는 힘이지만 그런 것은 강압적이기에 오래가지 못한다고 보았어요. 이와 반대로 매력 있는 사람은 대가를 주지 않아도 스스로 따른다는 거예요.

물이 바로 그래요. 물은 지나는 곳마다 촉촉하게 적셔 주어서 생명이 자라게 하고, 어느 누구와도 싸우거나 하지 않아요. 하지만 방울방울 떨어지는 물은 오랜 세월을 거치며 커다란 바위에 구멍을 내기도 하죠. 그래서 물은 지도자의 리더십의 상징이자 모델로 노자가 가장 많이 든 비유 가운데 하나예요. 노자는 "가장 좋은 것은 물과 같다."거나 "가장 부드러운 것이 가장 굳센 것을 이긴다."는 말로 물을 예찬합니다.

물처럼 행동하면 우리 내부에 일종의 힘이 쌓이는데 세상을 다스릴 때 바로 이 힘으로 진정한 지도자가 될 수 있다는 거예요. 마치 우리가 자신의 매력을 잘 키우면 주변에 친구가 모이는 것처럼 말이죠. 특히 노자는 군주나 황제에게 이 '덕'을 기르라고 조언했어요.

이렇게 보면 노자가 지은 『도덕경』은 일종의 '매력을 기르는 가르침'이라고 할 수 있어요. 다만 원래 이 가르침의 초점은 옛날 중국의 군주와 황제를 대상으로 한 것이에요. 그럼에도 우리가 그의 가르침에서 얻을 수 있는 유익한 것들이 많아요.

노자(老子, 생몰 연대 미상) 고대 중국의 역사서 『사기(史記)』에 따르면, 성은 이(李), 이름은 이(耳), 또는 노담(老聃)이라고도 하는데, 나중에 도교에서는 노군 또는 태상노군으로 신성화되었다. 그는 주(周)나라의 도서관장을 역임하다가 세속을 떠나며 5,000여 자로 된 『노자(老子)』 또는 『도덕경(道德經)』을 지었다고 하지만, 오늘날 그는 전설적 인물일 가능성이 높은 것으로 평가된다. 도(道)와 덕(德) 그리고 무위(無爲)와 자연(自然)에 대한 사상은 2,000년 이상 동아시아의 철학과 종교, 예술과 문화에 커다란 영향을 미쳤고, 오늘날의 21세기 유럽에서도 그의 사상을 추종하는 사상가들이 등장하고 있을 정도로 여전히 영향력이 큰 철학자이다.

하지 않고도 이루는 방법이 있다고?

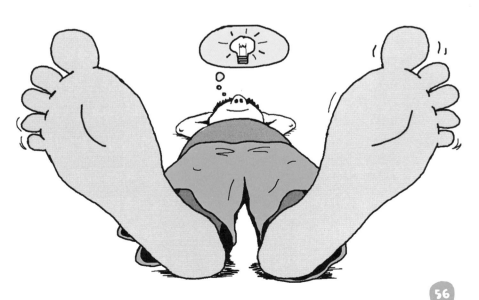

여러분이 스티브 잡스처럼 새로운 제품을 만들어 세상을 깜짝 놀라게 하려고 창업을 했다고 생각해 보세요. 처음에는 몇 개의 시제품을 만들고, 사람들에게 알리고, 판매하는 일까지 직접 챙겨야 할 거예요. 그런데 사업에 성공해서 커다란 공장과 수많은 직원을 둔 대기업 CEO가 되었다고 생각해 보세요. 여러분은 어떻게 이 큰 기업을 관리해야 할까요?

여러분은 소설 『삼국지』에 나오는 제갈공명이라는 이름을 들어 보았을 거예요. 그는 유비를 도와 조조의 위(魏)나라, 손권의 오(吳)나라와 자웅을 겨루던 촉(蜀)나라를 세우는 데 큰 공헌을 했어요. 작은 고을을 다스리던 유비는 이제 황제가 되었고, 제갈공명은 오늘날 국무총리에 해당하는 재상이 되었어요. 그런데 재상이 된 뒤에도 제갈공명은 창고를 드나드는 물품을 일일이 확인하고, 나라의 온갖 세세한 일들을 직접 챙기려고 했죠. 그러다 보니 쉴 틈이 없고 잠도 제대로 잘 수 없는 상황이 되어 건강이 몹시 상했어요.

이를 본 어떤 사람이 제갈공명에게 "그렇게 소소한 일까지 직접 챙긴다면 담당자는 왜 뽑았습니까? 그리고 그렇게 많은 일을 하면 건강할 수 있을까요? 중요한 일만 챙기고 나머지 작은 일은 담당자에게 맡기세요. 재상은 '무위(無爲)'해야 하는 법입니다." 라고 조언을 해요. 크게 깨달은 제갈공명은 그때부터 구체적인 업무는 담당자에게 맡기고 자신은 큰일에만 집중했다고 하죠. '무위'란 말의 의미는 이런 맥락에서 이해해야 합니다.

'무위'는 글자 그대로 보면 없다는 뜻의 '무(無)'와 하다, 행하다, 일하다는 뜻의 '위(爲)'란 말로 이루어진 조어예요. 그대로 풀면 '하는 일이 없다'는 뜻이지요. 그런데 어떻게 해야 내가 하는 일이 없을 수 있을까요? 이것은 어렵거나 신비한 일이 아니라 아주 간단하게 해결할 수 있어요. 다른 사람에게 맡기면 되죠. 노자가 말하는 '무위'는 바로 그런 뜻으로 제시된 생각이에요.

책임자는 큰일에 집중해야 한다

여러분이 대기업의 CEO가 되었다고 생각해 봐요. 수백 명에서 수만 명에 이르는 직원을 고용한 대기업을 어떤 식으로 운영해야 할까요? CEO가 직접 모든 일을 다 확인하고 챙겨야 할까요? 당연히 아닐 거예요. 노자가 살았던 시대가 처한 상황도 바로 이와 비슷했어요.

고대 중국은 처음으로 군대와 행정 조직을 갖춘 국가로 정비되기 시작했죠. 그리고 이 국가를 다스리는 사람을 왕 혹은 황제라고 부르기 시작했고요. 황제는 직무별로 나누어서 관리를 뽑고 나라의 모든 일을 이들에게 맡겼어요. 황제는 오로지 중요한 사안에 대해 보고를 받고, 그에 대한 대책을 듣고, 결정하는 일에만 집중하기 시작했어요. 이렇게 행동하는 것을 노자는 '무위'라고 불렀어요.

기업에서는 생산과 관련된 일과 영업과 관련된 일을 나누어서 관리합니다. 또 생산의 경우에도 제품 개발과 연구, 필요한 자재 구입, 실제 생산이 구분되어 다르게 관리가 되지요. 이렇게 구체적인 일을 담당하는 사람을 고대 중국에서는 담당 관리라는 뜻의 '유사(有司)'라 불렀고, 이들이 하는 구체적인 직무를 '유위(有爲)'라고 불렀어요. 달리 말하면 황제의 '무위'는 수많은 신하들의 '유위'를 통해서 가능했다는 거예요.

오늘날에는 국가든 기업이든 어떤 조직이든, 규모가 크고 하는 업무가 많으면 이렇게 구체적인 직무를 나누고, 그에 적합한 사람을 뽑아 일을 맡기는 것이 일반적이죠. 조직의 CEO가 모든 일을 다 할 수는 없으니까요. 이런 식으로 관리되는 조직 체계를 '관료제'라고 불러요. 노자가 말하는 '무위'는 관료제를 통해 국가를 다스릴 때, 황제가 해야 하는 일의 방식을 알려 주려는 것이었어요. 즉 구체적인 일은 맡기고 큰 결정을 내려야 하는 일에 집중하라는 뜻이에요.

지금으로 보면 대통령이나 대기업의 CEO 등 커다란 조직의 책임자들이 하는 일은 모두 '무위'에 해당돼요. 실무자들처럼 구체적인 업무를 담당하지는 않아도 중요한 판단이나 결정은 최고 책임자가 하죠. 그래서 노자는 "무위를 잘 실천하면 다스리지 못할 것이 없다."고 했어요. 즉 아무리 커다란 조직이라 해도 '무위'를 통해 다스리면 모두 관리할 수 있다는 뜻이에요. 여러분이 보기에는 어떤가요? 커다란 조직의 책임자에게 '무위'는 당연한 일의 방식이 아닐까요?

11

똥에도 등급이 있다고?

동곽자라는 사람이 장자에게 물었어요. "당신이 말하는 그 위대한 도(道)라는 것은 어디에 있나요?" 장자가 대답했어요. "어디에든 다 있습니다." "구체적으로 얘기해 주세요." "땅강아지나 기왓장에 있어요." 동곽자가 놀라며 다시 물었어요. "아니, 그렇게 하찮은 것에도 있습니까?" 장자가 다시 대답했어요. "똥에도 도가 있습니다." 어안이 벙벙해진 동곽자는 할 말을 잃었어요.

여러분은 물리학자 아이작 뉴턴의 사과나무 이야기를 들어 본 적이 있지요? 당시 영국 런던에 페스트라는 무서운 전염병이 유행하자 뉴턴은 이를 피해 고향집으로 갔어요. 그곳에 머물면서 연구를 계속하던 뉴턴은 '만유인력의 법칙'을 발견합니다. 모든 사물이 아래로 떨어지는 것은 사실 지구가 잡아당기는 힘 때문에 생기는 현상이죠. 뉴턴이 처음 그렇게 생각한 과학자는 아니지만, 어쨌든 그는 이 현상을 체계적으로 밝힌 과학자 가운데 가장 유명한 사람이 되었어요.

이 만유인력은 질량을 가진 모든 사물이라면 다 갖고 있는 힘이에요. 거대한 태양과 지구, 지구와 달, 지구와 대지 위의 모든 사물들 사이에 만유인력이 작용하죠. 만유인력의 법칙은 어디에든 있고, 모든 사물에 다 깃들어 있는 힘이기도 해요. 그렇다면 하찮은 똥이나 더러운 쓰레기에도 이 힘은 똑같이 작동할 거예요. 이 것을 '편재성'이라 해요. 어디에든 있다는 말이죠.

노자가 말하는 '도' 또한 마찬가지예요. 마치 자연법칙이 모든 현상에 동일하게 적용되는 것처럼, '도'는 없는 곳이 없다는 것은 당연한 것이죠. 그런데 동곽자는 너무나 당연해 보이는 장자의 말에 왜 그렇게 놀란 것일까요? 그 까닭은 노자의 '도'는 어디에든 있으나 누구나 다 알 수는 없는 것이기 때문이에요. 그런데 곰곰이 생각해 보면 오늘날에도 여전히 그렇지 않나요?

오늘날 과학적 진리를 탐구하는 사람은 과학자예요. 실험을 통해 자신의 가설을 증명하여 그 결과를 논문으로 제출하고, 다른 과학자들의 심사를 거쳐 '과학 저널'에 실리면, 다른 이론에 의해 반박되기 전까지 그 가설은 과학적 진리로 받아들여져요. 뉴턴의 만유인력의 법칙, 아인슈타인의 상대성 이론 등이 모두 이런 과정을 거쳐 과학적 진리로 받아들여졌어요. 그럼 고대 중국에서는 어땠을까요?

고대 중국에서 이 '도'에 접근할 수 있는 권한을 가진 사람은 왕과 그의 신하들이었어요. 가장 쉬운 예로 달력을 생각해 보세요. 오늘날 우리는 나이와 날짜를 따질 때만 주로 달력을 쓰지만, 고대 중국에서 달력은 삶의 질서를 이루는 가장 중요한 수단이었어요. 천문 현상을 정확하게 관찰하여, 정확한 달력을 만드는 것은 씨 뿌리고 추수하는 농업의 성패를 결정하는 데 가장 중요한 일이었어요.

여러분은 24절기라는 말을 들어 보았을 거예요. 춘분과 추분은 밤과 낮의 길이가 바뀌는 기점을 알려 주죠. 망종은 씨 뿌리는 날을 뜻해요. 옛날에는 왕이 달력에 따라 명을 내리고, 백성들은 그 명에 따라 씨 뿌리고 추수하는 일을 했어요. 이렇게 보면 달력은 한편으로는 농사의 성패를 결정하는 중요한 지식이지만, 다른 한편으로는 왕권의 수단이기도 했어요.

1973년에 중국의 창사에서 발굴된 비단책에는 "도가 법을 낳는다(道生法)."는 유명한 문장이 씌어 있었어요. 즉 우주와 모든 사물을 지배하는 것은 '도'이지만, 이 '도'를 이해하고 그에 맞추어 법을 제정하는 것은 왕의 역할이자 권한이었다는 것을 보여 줍니다. 즉 '도'는 아무나 접근할 수 있는 것이 아니었던 거예요. 그러나 장자는 이런 생각을 바꾸어 버려요. "똥에도 도가 있다."는 말은 그런 파격적인 생각을 보여 주는 문학적 표현이에요.

누구나 '도'를 추구할 수 있어

이렇게 해서 '도'는 왕이나 귀족만이 접근할 수 있는 것으로부터 모든 인간의 삶의 차원으로 확대되어 이해되기 시작해요. 『장자』에 나오는 수많은 우화들은 이런 다양한 차원의 '도'에 관한 이야기들로 가득해요. 백정이었던 포정은 소 잡는 기술을 통해 위(魏)나라의 문혜군에게 '도'에 대해 일깨워 주고, 수레바퀴를 깎는 윤편이라는 장인은 제(齊)나라의 환공에게 '도'를 깨우쳐 줍니다.

'도'는 이제 왕과 귀족들만이 이해하여 세상을 다스리는 수단이 아니게 됩니다. 농사꾼, 장인, 예술가들 각각이 나름의 '도'를 추구할 수 있게 되었어요. 예컨대 흐르는 물에서 수영을 잘하려면 물의 흐름인 '도'를 잘 알아야 할 거예요. 실내 수영장에서 수영하는 것과는 다르죠. 그렇다고 바닷물의 흐름을 잘 아는 조수 전문가가 반드시 박태환 선수보다 수영을 잘하는 것은 아니에요.

이제 '도'는 얼마만큼 익히고 터득하는가에 따라 수준이 달라져요. 이것을 동양 철학에서는 '경지'라고 해요. 높은 경지에 오른 사람은 남들이 쉽게 하지 못하는 일을 자연스럽게 해내는 법이죠. 이렇게 자연스럽게 해내는 경지를 '체득'했다고 해요. 즉 '도'는 '지식으로 아는 것'에서 '실제로 할 줄 아는 것'이 되었다는 뜻이에요. 얼마만큼의 노하우를 갖고 있느냐는 분야에 따라, 사람에 따라 크게 차이가 나기 마련이죠.

특히 장자는 삶의 노하우를 강조했어요. 누구나 삶을 살지만, '잘 사는 것'은 누구나 다 잘할 수 없어요. 장자는 잘 살기 위해 추구해야 할 것으로 '삶을 기르는 것'인 양생(養生)과 '삶을 누리는 것'인 달생(達生)을 제시했어요. 장자의 '자유롭게 노니는 삶'인 '소요(逍遙)'의 경지는 바로 양생과 달생을 통해 성취되는 것이에요.

누구에게나 삶은 주어지지만, 그 삶을 어떻게 잘 살아 가느냐하는 것은 어떤 삶을 추구하는가, 그리고 얼마만큼 노하우를 터득

하느냐에 따라 달라진다는 뜻이에요. 여러분이 무엇을 원하고 어떤 삶을 살든 나름의 노하우를 가져야 해요. 그래야 행복에 도달할 수 있을 테니까요. 똥에도 '도'가 있듯이, 어떤 삶이라도 나름의 가치가 있는 거예요. 중요한 것은 그 삶을 어떻게 사느냐 하는 것뿐이죠.

장자(莊子, 대략 기원전 365~270) 고대 중국의 몽(蒙) 지역에서 태어났고, 성은 장, 이름은 주(周)이다. 전체 33개의 편으로 이루어진 『장자(莊子)』 가운데 내편(內篇, 1~7편)은 장자 자신의 저술이지만, 외편(外篇, 8~22편)과 잡편(雜篇23~33편)은 주로 그의 제자와 후대의 학자들이 쓴 것으로 알려져 있다. 곤과 붕 이야기, 나비 꿈 이야기 등 철학적 우화를 통해 사상을 펼친 그는 주로 노자와 함께 '노장사상'으로 알려졌지만, 오늘날에는 서로 다른 사상으로 해석된다. 특히 자유와 평등, 삶과 치유의 철학으로 재해석되어 세계적으로 널리 읽히고 있다.

12

그냥 내버려 둘 수 없어?

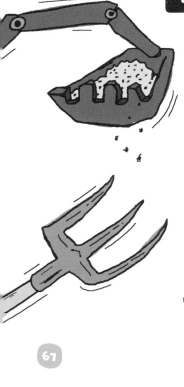

2008년 세계에서 철학을 연구하는 3,000여 명의 학자들이 '제22회 세계 철학자 대회'에 참석하기 위해 한국에 왔어요. 이 대회는 1900년에 시작되어 5년마다 열리는 일종의 철학 올림픽이에요. 이때 세계의 철학자들이 주목했던 20세기 한국 최고의 철학자는 누구였을까요? 바로 함석헌이에요. 오늘날 한국 사람의 '자연'에 대한 태도는 그분의 철학으로부터 커다란 영향을 받았어요.

여러분은 혹시 '자연'을 본 적이 있나요? 만약 아파트나 고층 건물로 가득한 도시에 산다면, 자연을 가까이에서 보기 쉽지 않을 거예요. 그러면 도시를 떠나 교외로 나간다면 자연이 잘 보일까요? 그렇지도 않아요. 우리가 볼 수 있는 것은 산과 강, 나무와 풀 등이에요. 사실 우리가 쓰는 자연이란 말은 도시를 벗어났을 때 보이는, 우리를 둘러싼 환경을 뜻해요. 그래서 '자연환경'이라고도 부르죠.

이 자연환경에 해당하는 말이 산천초목(山川草木), 천지만물(天地萬物)이에요. 산천초목이란 산과 하천, 풀과 나무란 뜻이고, 천지만물이란 하늘과 땅, 그 위에 동물과 식물 등의 모든 생명체를 뜻해요. 사실 이것들이 오늘날 우리가 자연이라 부르는 것에 해당이 돼요. 그렇다면 원래 '자연(自然)'이란 말은 무슨 뜻이었을까요? '자연(自然)'이란 한자 그대로 '스스로 자(自)'와 '그럴 연(然)' 즉 '스스로 그렇게 되다' 또는 '저절로 그렇게 되다'라는 서술어예요.

해가 뜨고 지는 것이나 달이 차고 기우는 것은 물론 산이 솟고 물이 흐르는 모든 것은 인간의 뜻대로 움직이는 것이 아니죠. 모두가 '스스로 그렇게' 되는 거예요. 그러니까 인간의 뜻이나 행위와 무관하게 이루어진다는 뜻에서 '인위적'이란 말과 대립되는 말입니다. 그래서 인간과 무관하게 저절로 움직이는 자연 현상을 서술할 때 '자연'이란 말을 썼어요.

그런데 이 '자연'이란 말을 처음부터 이런 뜻으로 썼던 것은 아니에요. 『노자』에서는 "누가 명령하지 않아도 늘 저절로 그렇게 된다."고 하거나, "공적이 이루어지고 일이 성취되어도 백성들이나 스스로 그렇게 했다고 한다."고 표현해요. 명령하지 않았는데 한다는 것은 '자발적'이란 뜻이고, 이 말을 백성들이 하는 말로 표현하고 있어요. 즉 자연은 본래 백성들이 군주의 명령 없이 스스로 즉 자발적으로 하는 행동을 뜻하는 것이었어요. 이럴 경우 강압적이란 말과 대립되는 것이죠.

'자연'의
두 가지 의미

이렇게 보면 '자연'이란 말은 크게 두 가지 의미를 갖고 있다는 것을 알 수 있어요. 하나는 인위적이란 말과 대립되는 의미로 '자연적'이라는 뜻이라면, 다른 하나는 강압적이라는 말과 대립되는 '자발적'이란 뜻이에요. 오늘날에도 우리는 이 두 가지 뜻으로

'자연'이라는 말을 쓰는 경우가 많아요. 이것을 잘 보여 주는 것이 20세기 한국의 철학자 함석헌이에요.

1970~80년대에 함석헌은 서울 종로의 YMCA 회관에서 수많은 시민과 청년들을 대상으로 오랫동안 『노자』 강의를 했어요. '자연'을 설명하던 어느 날 함석헌은 한국 전쟁이 끝난 후의 상황을 예로 들어 이야기했어요. 일제 강점기 때 산림이 크게 훼손된 데다 한국 전쟁 때 불타 버려 나무가 거의 없는 민둥산이 되자, 정부에서 영국의 유명한 산림 전문가를 초청했다고 해요.

그 산림 전문가는 서울에서 부산까지 차를 타고 우리나라의 민둥산을 살펴보고 나서 출국했는데, 출국하기 전에 기자 회견을 가졌다고 해요. 어느 기자가 산림을 복원하려면 어떻게 해야 하는지 묻자 이렇게 한마디를 남겼다고 합니다. "가만 내버려 두세요!" 즉 자연에 인위적으로 손대지 말고 내버려 두면 저절로 복원된다는 뜻이에요. 함석헌은 이 예화를 들면서 '자연'의 의미를 설명했어요.

또 어느 날에는 당시 군사 정권의 독재를 비판하면서 "간섭하지 마세요!"라고 말했어요. 왜냐하면 역사는 민중(함석헌은 이 민중을 씨올이라 불렀어요)이 만드는 것인데, 이 민중은 총이나 칼로 강압한다 해도 뜻대로 되지 않기 때문이라 했어요. 일제 강점기의 독립 투쟁이나 독재 시절의 민주화 운동은 바로 강압에 맞서는 민중의 저항이라고 했어요.

함석헌은 '자연'을 통해 두 가지 의미를 설명해 주었어요. 하나는 '자연스럽다'는 뜻으로 인위적인 것에 반대되는 뜻이에요. 오늘날 이 생각은 생태계 보전에서 중시해요. 다른 하나는 '자발적이다'는 뜻으로 강압이나 억압에 반대되는 뜻이에요. 이는 민주주의 혹은 자치의 토대가 되는 생각이죠. 이 두 가지 생각은 『노자』와 『장자』에서 유래하지만, 이를 현대적으로 적절하게 표현한 것은 함석헌이라고 볼 수 있어요.

13

모두가 친구가 되면 안 돼?

인류학자들은 원시 부족 사회를 연구하다가 좀처럼 이해되지 않는 독특한 풍속을 발견하곤 했어요. 우연히 두 남자가 길을 가다가 마주치면, 서로 조롱하고 욕을 하면서 마치 싸울 것처럼 씩씩거리는 거예요. 한참을 그러고 난 후 두 남자는 언제 그랬냐는 듯이 각자 길을 가곤 했답니다. 도대체 이 부족 남자들은 왜 이런 행동을 했을까요?

오랜만에 친구를 만났을 때 "야, 이 XX야 오랜만이다!" 하며 인사한 적 없나요? 평소에도 친구들과 대화할 때 욕을 섞어 가며 말하는 것은 청소년기에는 너무 흔한 일이에요. 이때 욕은 상대방에게 모욕을 주거나 격한 감정을 표현하기보다 오히려 친근함의 표현으로 느껴져요. 그래서 편하게 욕을 주고받을 수 없는 사람은 친구라기보다 아는 사람, 거리가 있는 사람이라고 생각할 수도 있어요.

그런데 친구가 아닌 사람에게 욕을 하면 어떻게 될까요? 또래 집단에 속하는 사람의 경우에도 욕을 해도 되는 사람과 그렇지 않은 사람은 정확하게 구분이 돼요. 나는 편하다고 생각해서 욕을 섞어 가며 말을 했는데, 상대방이 화내거나 기분 나빠 한다면 그와 나는 친구가 아닌 것이 분명할 거예요. 즉 욕을 해도 '거슬리는 경우'와 '거슬리지 않는 경우'가 있어요. 재밌게도 장자는 친구를 "마음에 거슬림이 없는 관계"라고 부른답니다. 이때 '거슬림이 없다'는 말을 한자로 '막역(莫逆)'이라 하는데, 막역한 관계는 욕을 해도 편한 친구 관계를 뜻하는 말로 지금도 쓰이고 있어요.

원시 부족 사회에서 길을 가던 두 사람이 상대방과 싸울 듯이 행동하다가 헤어지는 것을 인류학자들은 '농담 관계'라고 불러요. 서로 욕을 하면서 두 사람은 '우리는 서로 동등한 관계'에 있다는 것을 확인하는 행위라고 해석한답니다.

현대 사회는 모두가 평등한 사회라고 말해요. 이것은 헌법이 보장하는 권리이기도 하고요. 그런데 현실의 인간관계를 생각해 보면 평등한 관계라는 것이 도대체 있기나 한가요? 가정의 부모와 자식, 학교의 교사와 학생, 기업에서의 직급, 수많은 모임에서 나이를 따지는 것 등등 사실상 대부분의 인간관계는 수평적이기보다 수직적이에요. 윗사람과 아랫사람을 나누고, 그에 따른 윤리와 규범을 강조해요.

하지만 친구 관계는 수평적이고 동등하다고 할 수 있어요. 유교에서 강조하는 '오륜' 가운데 부모와 자식, 군주와 신하, 남편과 아내, 어른과 아이 네 가지는 모두 윗사람과 아랫사람을 먼저 따져요. 오로지 친구만이 상하 관계를 따지지 않는 평등한 관계예요. 장자의 독특함이 바로 여기에 있어요. 공자를 비롯한 유학자들이 '오륜' 가운데 부자와 군신 관계를 강조한다면, 장자는 '친구' 관계를 강조하거든요.

친구들로 이루어진 세계, '강호'

공자와 그의 제자들의 대화를 엮은 책인 『논어』는 주로 스승이 제자에게 가르침을 주는 형식으로 구성되어 있어요. 유교 고전인 『서경』이나 『효경』 등은 군주와 신하, 부모와 자식 사이의 미덕에 대해 강조하는 책이에요. 이와 달리 『장자』에서는 비천한 신분의 주인공이 황제나 유력한 정치인을 조롱하고, 꾸짖고, 욕하는 장면들이 즐비하게 등장해요. 마치 인류학자들이 말하는 '농담관계'처럼 말이지요.

동양 철학에서 인간이 사는 세계를 지칭하는 표현인 '천하(天下)'는 글자 그대로 '하늘 아래 모든 곳'이란 뜻으로, 왕이 다스리는 세계 전체라는 뜻이에요. 따라서 왕을 제외한 모두가 신하에 해당합니다. 왕후나 왕자도 마찬가지예요. 그리고 천하를 이루는 각각의 가문은 부모와 자식, 부부, 어른과 아이로 이루어져 있죠. 이것이 유학자들이 말하는 세계의 모습이에요.

그에 반해 장자는 친구들의 공동체로서 세계를 이해해요. 모두가 친구인 세계를 장자는 '강호(江湖)'라고 불러요. 본래 강과 호수에는 사람이 살 수 없죠. 왕이 다스리는 땅이 아니에요. 그래서 장자는 사람이 살 수 없는 곳인 강과 호수, 그리고 물고기에 비유해서 새로운 공동체를 상상해요. 바로 동등한 친구들로 이루어진 세계인 '강호'를요.

천하는 신분과 지위, 부와 권력에 따라 사람들을 구분해요. 누구는 왕의 아들로, 누구는 귀족의 딸로, 누구는 노예의 자식으로 태어나요. 천하는 이렇게 태어나면서 이미 혈통에 의해 정해진 세계예요. 이와 달리 강호에서는 그런 신분이나 지위 없이 서로가 동등한 친구일 뿐이에요. 중요한 것은 각자가 자신의 일에서 어떤 성취를 이루어 내는가 하는 것뿐이에요.

동양의 독특한 소설 장르인 무협지를 보면 이런 강호의 특징이 잘 나타나요. 무예를 연마하는 사람은 신분과 관계없이 일단 공동체에 받아들여지면, 비천한 신분 출신이라 해도 무예의 성취에 따라 수제자가 될 수 있고, 나아가 그 공동체의 대표자가 될 수도 있어요. 바로 '도'를 성취한 경지에 따라 그 위치가 결정되는 것이죠. 이것은 혈연에 따라 신분이 정해져 있는 천하와 달리 기본적으로 평등을 바탕으로 하면서 각각의 성취에 따라 위치를 구분한다는 점에서 민주적이에요.

『장자』에서 유교가 주장하는 덕목을 비판하고 황제나 통치자들을 조롱하는 것은, 바로 신분이 정해진 세계인 천하를 비판하고 동등한 세계인 강호를 꿈꾸었다는 것을 보여 줘요. 이렇게 본다면 『장자』의 강호는 프랑스 대혁명으로 자유와 평등, 박애를 실현하고자 했던 근대 사회와 통한다고 볼 수 있지 않을까요? 더 나아가 우리는 어떤 강호를 꿈꾸어야 할까요?

스트레스 없이 살 수 없나?

프랑스의 한 철학 교과서는 인간의 자유에 관한 짧은 콩트를 소개하고 있어요. 어느 청년이 완전한 자유를 위해 다니던 직장까지 그만두었다고 해요. 자유를 누리기 위해 집을 나선 청년의 주머니엔 돈 한 푼 없었고요. 굶은 채로 걷다가 지친 청년은 낙담하여 결국 달려오는 지하철을 향해 뛰어드는 자유를 행사했다고 해요. 도대체 우리에게 실제로 가능한 자유란 어떤 것일까요?

『장자』에는 뇌세포를 바짝 긴장시키며 엉뚱한 방식으로 우리를 깨우쳐 주는 이야기들이 가득해요. 그중에서도 공문헌과 우사라는 가공인물 사이의 대화는 '자유'의 의미에 대해 새로운 의문을 제기하고 있어요. 자유란 말 그대로 '스스로 자(自)'에 '말미암을 유(由)'라는 글자의 합성어로, 영어의 'freedom' 또는 'liberty'를 번역한 말이에요. 새로운 단어로 번역했다는 것은 동일한 의미를 가진 말이 없었다는 뜻이기도 해요. 그런데 정말 그럴까요?

공문헌이란 인물은 문관의 고위직으로, 군주가 제공하는 아름다운 마차를 타고 다니는 사람이란 뜻이에요. 지금으로 보면 최소한 장관이나 총리급의 인물이에요. 우사라는 인물은 고대 중국의 군대 조직에서 세 번째로 높은 고위직 무관이에요. 지금의 한국으로 치면 4성 장군쯤 되는 어마어마한 직책이죠. 그런데 우사가 절름발이 장애인이 되어 농사를 지으며 살고 있었어요.

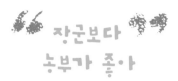

장군보다 농부가 좋아

공문헌이 우사를 찾아가 어쩌다가 이렇게 힘들게 농사를 지으며 살게 되었냐고 한탄하자, 우사는 이렇게 답을 해요. "연못가에 사는 꿩은 열 걸음 만에 한 입 모이를 쪼아 먹고, 백 걸음에 물한 모금 마시며 살아갑니다. 하지만 아름답게 장식한 새장 속에서 길러지기를 바라지 않습니다. 육체는 살진다 해도 정신은 그것을 좋게 여기지 않기 때문입니다." 행사 때마다 팡파레를 울리며 의전을 받는 4성 장군의 삶이 좋아 보여도, 그것은 늘 최고 권력자왕의 눈치를 보며 살아야 하는 피곤한 삶이라고 빗댄 것이에요.

4성 장군이었던 그가 절름발이가 되어 농사를 지으며 산다는 것은 사실 그가 억울한 누명을 썼든 죄를 지었든 형벌을 받아 장애인이 되었음을 말해 줘요. 그런데 몸은 힘들어도 마음은 편하다고 우사는 얘기하고 있어요. 그러면서 "정신은 피곤한 것을 좋아하지 않는다."고 말해요. 이 정신의 피로를 요즘 말로 하면 스트레스라고 하지요. 스트레스는 전문가들에 의하면 현대인의 가장 중요한 질병의 원인이라고 해요.

우사는 장군이라는 고위직으로 살던 시절보다 농사지으며 힘들게 사는 것이 오히려 마음이 편하다고 해요. 스트레스가 적다는 것이죠. 오늘날 갑질이라는 말을 떠올려 보면 이 스트레스는 우리의 삶을 크게 억압하는 것임을 알 수 있어요. '땅콩 회항 사건' 이나 '라면 상무 사건'은 항공기 안에서 일어난 갑질 사례인데, 이 때 갑질을 당한 사람들은 그 후에도 직장에서 어려움을 겪는 것은 물론 심각한 정신적 충격으로 정신과 치료를 받았다고 해요.

영국의 사상가 이사야 벌린은 자유의 본질을 '간섭이 없는 상태'라고 하면서 이를 소극적 자유라고 불렀어요. 즉 자유란 '~으로부터 간섭이 없다(free from~)'는 뜻이라는 것이에요. 중세 시대까지는 거주 이전의 자유도, 집회와 결사의 자유도 없었죠. 모두 봉건 영주나 왕의 허락을 받아야 하는 것들이었어요. 자유는 근대 사회에 등장한 시민과 노동자들이 싸워서 쟁취한 것이에요.

고대 사회에 살았던 장자는 이런 저항을 생각하는 데까지는 미치지 못했어요. 대신 장자는 생각의 방향을 바꾸었어요. 즉 외부를 바꿀 수는 없지만, 내부를 다스릴 수는 있다고 생각했어요. 그것을 장자는 '무정(無情)'의 태도라고 불렀어요. 장자는 그의 친구 혜시에게, "자신의 감정으로 인해 자신의 몸을 손상시키지 않는 것"이라고 소개해요.

요즘 말로 바꾸면 '쿨(cool)한 태도'를 의미해요. 우리는 부당하거나 부정의, 불합리한 일을 겪게 되면 화가 나거나 짜증이 나거나 혹은 커다란 슬픔과 좌절의 감정을 느끼게 돼요. 이런 일이 계속 반복된다면 심각한 정신적 외상이나 트라우마가 되어 우리 몸을 해치게 돼요. 우울증이나 조울증이 그 대표적인 질병이에요.

정신 의학자들은 현대인의 60~70퍼센트가 우울 증세를 갖고 있다고 말합니다.

장자가 권하는 '무정한 태도'란, 나를 화나게 하거나 짜증나게 하는 일이나 사람을 어떻게 할 수는 없지만, 내 속에 일어난 감정을 해소하는 것은 내가 할 수 있다는 것이에요. 화가 났을 때 좋아하는 음악을 듣거나, 영화를 보거나, 게임에 몰두한다면 화난 감정을 어느 정도 추스를 수 있어요. 그런데 이런 시각에서 본다면, 자유는 '스트레스 받지 않는 상태'라고 말할 수 있을 거예요.

장자가 말하는 '무정'이란 곧 스트레스 받지 않는 상태를 의미해요. 서양의 철학자들처럼 '자유'를 선택하거나 실현할 수 있는 어떤 힘이나 권리로 이해할 수도 있겠지만, 거꾸로 우리가 삶속에서 누리는 자유는 우리의 의지나 생각이 강압적으로 좌절당할 때 느끼는 스트레스가 없는 상태로 이해해도 돼요. 장자는 그것을 '영혼' 혹은 '정신'의 자유라고 불렀어요.

이렇게 스트레스 없이 스스로의 삶을 살아가는 경지를 장자는 '자유'라고 불렀어요. 비록 매일매일 학교에 가거나 출근해서 일하는 것을 그만둘 수는 없더라도 누군가에게 스트레스를 받지 않는다면, 부당하게 대우받지 않는다면 그래도 살 만한 삶이 아닐까요? 그런 삶의 모습을 장자는 '자유롭게 노니는 삶' 즉 '소요유(逍遙遊)'라고 불렀어요. 비록 소극적이지만 자유의 본질을 꿰뚫는 멋진 생각이에요.

3장

함께 사는 사회를 만들려면?

묵가와 법가

15

차별 없는 사랑이 가능할까?

어떤 사람이 중요한 일로 오랫동안 먼 길을 떠나게 되었습니다. 그 사람은 자기 가족을 돌보는 일을 누구에게 부탁할까요? 오직 자기 가족만을 아끼는 사람에게 부탁할까요, 아니면 자기 가족이든 남의 가족이든 존중하고 아끼는 사람에게 부탁할까요? 이 물음은 2,500여 년 전 묵자라는 철학자가 던진 질문이에요. 여러분은 어떻게 답을 하겠어요?

아마도 여러분은 1789년 프랑스에서 일어난 역사적 사건을 들어 보았을 거예요. 프랑스 대혁명이라 부르는 이 거대한 변화는 미국의 독립 선언과 더불어 오늘날의 현대인들이 살아가는 삶의 조건을 만든 중요한 사건이에요. 사람들은 프랑스 대혁명 때 여러 인간적 권리들을 구호로 외쳤는데, 그중에 가장 유명한 것이 바로 자유, 평등, 박애예요. 그런데 이 '박애'를 먼저 외친 사람이 있어요. 그 사람이 바로 고대 중국의 철학자 묵자랍니다.

프랑스 대혁명의 정신을 담은 '인간과 시민의 권리와 의무 선언(1795년)'은 박애에 대해 "자기가 바라지 않는 것을 남에게 행하지 않고, 항상 자기가 원하는 좋은 것을 남에게 베풀어야 한다."고 설명하고 있어요. 이 박애는 인간이 서로를 동등하게 대접하고 존중하라는 정신을 담고 있죠. 이런 사랑을 '필리아적 사랑'이라고 불러요. 쉽게 말하면 친구 간의 우애를 뜻해요.

나 자신과 가족만을 사랑한다면?

묵자는 우리에게 자기 자신만을 사랑하고 또 자기 가족만을 사랑한다면 세상은 혼란으로 치달을 것이라고 경고하면서 '겸애(兼愛)'를 권합니다. '겸'이란 말은 나와 남을 구분하지 않고 아우른다는 뜻이에요. '겸애'는 나의 부모와 남의 부모를 구분하는 차별적 사랑인 '별애(別愛)'를 비판하면서 묵자가 사용한 말이에요. 이런 의미에서 보면 묵자의 '겸애'는 박애와 통하는 면이 있어요. 남과 나, 남의 부모와 내 부모를 구별하지 않고 사랑하라고 하니까요.

사실 공자가 "네 부모를 사랑하라."고 한 말이 반드시 남의 부모와 차별하라는 뜻은 아니에요. 오히려 부모가 어린 자식을 아끼고 돌보는 사랑을 베풀듯이, 그러한 사랑을 받으며 자란 자식들이 나이 든 부모에게 고마움과 애틋한 마음을 느끼는 그것이 효의 원천이자 사랑이라고 한 것이에요. 공자가 말하는 부모의 자식 사랑인 '자애'와 자식의 부모 사랑인 '효도'는 가족 간의 끈끈한 감정에 바탕한다는 뜻에 가까워요.

이와 달리 묵자가 말하는 '겸애'는 이성적이고 합리적인 사랑에 가까워요. 또 부모나 형제자매처럼 가까운 사람들에 대한 우리의 감정은 다소 거리가 있는 사람이나 모르는 사람에 대한 감정과 달라요. 묵자가 우리에게 먼 길을 떠날 때 자기 가족만 아끼는 사람과 누구든 구별 없이 존중하는 사람 가운데 어느 쪽에 가족을 부탁하겠느냐고 물은 것은 이성적이고 합리적인 태도를 물은 거예요.

그렇다면 어떻게 이런 태도가 가능할까요? 묵자는 '겸애'만을 말하지 않고 서로에게 이익이 되어야 한다는 '교리(交利)'를 함께 말하고 있어요. 묵자와 그의 추종자들은 같은 장인에 속하는 사람들로 이루어졌어요. 장인은 일종의 직업적, 신분적 공동체를 이루었던 사람들이에요. 이들은 가족 간의 사랑과는 다르게 하나의 조직 속에서 서로 돕고 함께 살았던 사람들이에요. 따라서 각자가 어떻게 서로를 대해야 전체에게 이익이 되는가를 생각했던 것이죠.

현대 사회에서도 인간 개개인이 서로를 존중할 것을 강조해요. 그런데 수천만이 수도권에 모여 사는 한국에서 어떻게 서로에 대한 친밀감을 바탕으로 아끼고 사랑하는 일이 가능하겠어요? 서로가 서로를 존중하는 태도는 합리적이고 이성적인 사랑에 해당합니다. 즉 서로를 아끼고 사랑하는 것, 서로를 존중하고 배려하는 것이 각자에게 그리고 전체에 대해 이익이 된다는 이성적인 판단에 근거한 것이에요.

묵자와 그의 제자들의 사상을 담고 있는 『묵자』에는 오늘날의 시각에서 보아도 합리적이고 논리적인 방식으로 주장하는 논의들이 많이 나와요. 그런 사상 가운데 가장 유명한 것이 바로 '겸애 교리' 즉 "구별 없이 사랑하고 서로에게 이익이 되게 하라."는 생각이에요. 『묵자』를 처음으로 서양 사람들에게 소개했던 버튼 왓슨이라는 학자는 "묵자야말로 인류 최초로 인간에 대한 사랑을 발견한 철학자다."라고 격찬했어요.

우리가 자기 자신과 자신의 가족을 사랑하는 것은 자연스러운 감정에 기초한 인간적인 것이에요. 하지만 이로부터 더 나아가 합리적이고 이성적으로 다른 사람을 존중하고 사랑할 때 우리가 사는 사회 자체가 건강하고 아름다운 세계가 될 수 있지 않을까요?

묵자(墨子, 기원전 480~390) 『묵자(墨子)』는 본래 공자 학단에서 배웠던 묵적(墨翟)에게서 시작되는 묵가(墨家) 학파의 사상을 기록한 책이다. 묵가의 창시자인 묵적이 어디에서 태어났는지, 어떤 삶을 살았는지 등에 대해 우리가 아는 것은 거의 없다. 다만, 유학에 대해 매우 비판적이고 논쟁적이었으며, 오늘날의 사회 복지에 해당하는 겸애 교리, 전쟁을 반대하고 평화를 옹호한 비공 사상을 발전시키고 이를 실천하였다. 특히 묵가는 주로 장인으로 이루어진 집단으로서 공동생활을 하였고, 평범한 사람들의 삶을 옹호하고 합리적인 윤리를 제창하였다. 전국 시대에 이르기까지 가장 유력한 사상 학파였으나 천하가 통일되면서 어느 시기엔가 완전히 사라지게 된다.

16

서로
기준이 다를 때
해결하는
방법은?

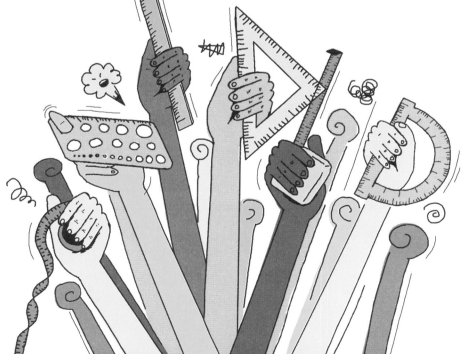

예진이는 키 큰 남자와 사귀고 싶어 해요. 그런데 예진이를 좋아하는 영수는 키가 175센티예요. 예진이는 영수의 키가 작다며 사귀고 싶지 않다고 해요. 정말 영수는 키가 작은 것일까요? 2017년 20세 한국 남성의 평균 신장은 174.9센티예요. 영수의 키를 농구 선수들과 비교해서 작다고 하면 곤란하겠죠? 영수의 키가 작다고 말하기 위해서는 합리적이고 객관적인 기준이 필요하지 않을까요?

거리를 걷다 보면 우리는 파란색과 빨간색으로 깜박이는 신호등을 수없이 볼 수 있어요. 파란불이 켜지면 사람들은 횡단보도를 건너고, 차들은 앞으로 진행하죠. 이것은 하나의 약속이에요. 차들이 많이 다니는 사거리에서 사람들이 서로 빨리 가려고만 하면 결국 사고가 나기 쉬워요. 그래서 사람들은 경찰 한 사람에게 호루라기를 주고, 사거리 중앙에서 교통정리를 하도록 했어요. 그리고 이 경찰에게는 총을 주어서 그의 신호에 따르지 않으면 강제할 수 있는 권한을 주었지요.

서양의 근대 초기 사상가들은 사람들이 제각각 알아서 살아가도록 두면 결국 사회가 혼란해진다고 생각했어요. 이런 혼란을 방지하기 위해 서로 지켜야 할 약속들을 정하고, 경찰에게 호루라기와 총을 주어서 잘 지키도록 하는 것, 이것이 사회 계약설의 취지와 국가의 역할이에요. 오늘날 우리들이 법을 지켜야 하는 이유는 바로 이 사회 계약설에 근거한 것이에요.

그런데 서양의 근대 초기에 등장하는 이런 생각이 놀랍게도

『묵자』에도 나타나고 있어요. "모든 백성을 한 사람 한 사람으로 보면, 한 사람마다 하나의 기준이 있고, 열 사람에게는 열 개의 기준이 있다. 모든 사람이 자신의 기준이 옳다고 생각하고 다른 사람에게 그 기준을 적용하려 한다. 이 때문에 크게는 전쟁이 일어나고 작게는 다툼이 일어나는 것이다." 묵자는 이러한 상황을 해결하기 위해 사람들의 다양한 기준을 '법(法)'으로 통일할 것을 제안했어요.

열 사람이 모이면 열 개의 기준이 있다

우리가 어떤 것의 길이가 짧다거나 길다고 판단하려면 일정한 기준이 있어야 하겠죠. 한 학급의 학생들의 키를 모두 재어 본 후에 평균을 내면, 그 평균치를 기준으로 키가 상대적으로 크다거나 작다고 말할 수 있어요. 그렇다면 이러한 기준은 각 사람의 주관적인 기준이 아니라 객관적인 표준이 될 거예요. 묵자에게 '법'이란 바로 이런 객관적인 표준이 되어야 하는 것이었어요.

그래서 묵자는 어떤 것이 객관적 표준이 되기 위한 원칙을 제안해요. 이 세 가지 원칙이 '삼표(三表)'로서 본(本), 원(原), 용(用)이에요. '본'이란 옛 성왕의 일에 근본을 두어야 한다는 역사성의 원칙이고, '원'이란 백성들이 보고 들은 것에 근거해야 한다는 경험적 상식성의 원칙이고, '용'이란 백성들의 이익과 부합해야 한다는 실용성의 원칙을 뜻해요. 묵가의 주요 사상들은 이 삼표의 원칙에 의해서 주장되곤 했어요.

묵가의 주요 주장 가운데 하나인 '지혜로운 사람을 숭상해야 한다'는 뜻인 상현(尙賢)은, 첫째 예로부터 성왕이 그렇게 했고, 둘째 상식에 부합하고, 셋째 백성들에게 이롭기 때문에 옳다고 주장하지요. 오늘날의 시각에서 보아도 상당히 합리적인 방식의 생각이라 할 수 있어요. 물론 첫째 원칙인 역사성의 원칙은 오늘날의 시각과는 조금 다르긴 하지만, 다른 학자들의 주장에 비하면 대단히 혁신적인 생각을 가졌던 듯해요.

자, 처음 우리가 가정했던 질문으로 돌아가 볼까요? 예진이가 영수의 키가 작다고 한 것이 타당하려면 기준과 근거가 있어야 해요. 영수의 키가 175센티라면 20세 한국 남성의 평균 신장인 174.9센티와 차이가 거의 없으니 영수는 크지도 작지도 않은 평균인 셈이죠. 예진이가 말하는 큰 키는 자신의 개인적인 선호이지 결코 객관적인 기준은 아닌 셈이죠. 만약 묵가 학파식으로 판단한다면 영수의 키는 어떻게 판단될 수 있을까요?

묵가의 철학은 오늘날의 시각에서 보아도 비교적 합리적이고 객관적이며, 매우 실용적인 입장이라고 말할 수 있어요. 사회 정책을 새로 만들거나 방향을 정할 때 객관적이고 합리적인 기준이나 표준을 정하는 것은 매우 중요하죠.

17

세계 최초의 평화주의 단체는?

여러분은 혹시 '묵수'라는 말을 들어 보았나요? 사전에는 "자기의 의견이나 주장을 굽히지 않고 굳게 지킴"이라고 나와 있어요. 이 뜻은 두 글자 가운데 하나인 '지킨다'는 뜻의 '수(守)'만으로도 설명이 돼요. 그럼 앞 글자인 '묵(墨)'은 무슨 뜻일까요? 여기서의 '묵'은 묵자 혹은 묵가 학파를 뜻해요. 즉 '묵수'란 묵가가 지키면 그만큼 철저하게 굽히지 않고 지킨다는 뜻이에요. 왜 이런 말이 나오게 되었을까요?

여러분은 한국의 세계 군사력 순위가 어느 정도인지 알고 있나요? 한국이 세계 10대 교역국으로 경제 강국이란 것은 잘 알지만, 군사적으로 어떤지는 잘 모르는 경우가 많아요. 대략 세계 7대 군사 강국 정도로 평가받는다고 해요. 게다가 한미 동맹을 통해 세계에서 가장 큰 규모의 군사 훈련을 정기적으로 해 오고 있어요.

군사 훈련이란 것이 꼭 총과 대포를 쏘면서 하는 것만은 아닌 듯해요. 중요한 것은 지휘부를 중심으로 작전 목표를 설정하고, 전체 군사력을 어떻게 효율적으로 운용할 수 있는지를 시험하는 시뮬레이션 게임 같은 훈련이 군사 훈련의 주요 방식이라고 해요. 일종의 모의 전쟁을 하는 것이죠. 그런데 이런 모의 전쟁이 『묵자』에도 나온다는 거예요. 놀랍지 않나요?

고대 중국에 공수반이라는 유명한 무기 제조 기술자가 있었어요. 초(楚)나라 왕은 전쟁을 벌이고자, 공수반에게 성을 공격할 때 쓰는 운제라는 기계를 만들게 했어요. 이 소식을 들은 묵자는

10일 밤낮을 달려가 초나라 왕과 공수반을 설득해 전쟁을 막고자 했어요. 하지만 그들은 막무가내로 전쟁을 일으키려 했어요.

결국 묵자는 공수반과 모의 전쟁을 합니다. 공수반이 9번이나 방법을 바꿔 가며 성을 공격하는 방법을 제시했는데, 묵자는 9번 모두 막아 내는 계책을 제시했어요. 공수반은 더 이상 방법이 없게 되자 패배를 인정했고, 초나라 왕은 전쟁을 포기했어요. 공수반의 공격과 묵자의 수비는 실제로 전쟁을 벌인 것이 아니라 모의 전쟁이었고, 오늘날로 치면 일종의 시뮬레이션 전쟁에 해당해요.

전쟁 없는 세상을 만들려면?

그렇다면 묵자는 왜 전쟁을 반대했던 것일까요? 그 이유는 간단해요. 전쟁은 백성의 삶을 피폐하게 만들고, 결국 이익보다 손해가 크다는 것이에요. 많은 군주들이 전쟁을 통해 얻는 이익을 강조했으나, 묵자는 전쟁으로 치러야 할 비용이 막대하며, 사람의 생명을 앗아 가는 것은 물론 만백성을 해치는 끔찍한 일이라며 전쟁을 반대했어요. 이렇게 묵자는 언제나 백성의 이익이라는 실용성의 입장에서 모든 것을 판단했어요.

더 나아가 묵자와 그의 제자들은 공격을 당한 나라에 가서 함께 싸우며 전쟁을 없애고자 했어요. 전쟁이 만연했던 중국 전국 시대에 묵가는 가장 많은 추종자를 거느린 학파였지만, 진시황이 통일한 이후 묵가는 역사 속에서 사라집니다. 그 까닭을 그들이 공격당하는 나라에 가서 대신 싸우다 죽었기 때문이 아닐까 하고 추측하기도 해요. 자신의 목숨을 내던져 가며 대신 전쟁을 한다는 것은 정말 어려운 일이지요.

혹시 여러분은 2007년에 개봉한 영화 〈묵공〉을 보았나요? 한국과 중국 그리고 일본이 합작으로 만든 영화예요. 이 영화를 만든 목적은 평화가 얼마나 소중한 것이고, 그것이 얼마나 어려운 일인가를 보여 주는 것이었죠.

전쟁 없는 세상, 평화로운 세상은 비록 어려운 일이라도 우리가 반드시 이루어 내야 해요. 그런 의미에서 묵자와 그의 제자들은 세계 최초로 평화주의를 제창하고 이를 실현하고자 노력했던 국제단체라 볼 수 있어요.

18

당근과
채찍이
통하는 까닭은
?

서울 광화문 앞에 나무를 세워 놓고 국무총리령으로 공고가 붙었어요. "이 나무를 남대문 앞으로 옮기는 사람에게 1억 원을 주겠다."는 내용이에요. 누군가 나무를 옮기면 당연히 1억 원을 받겠죠? 그런데 사실 이 이야기는 고대 중국의 개혁 정치가 상앙이 백성들에게 국가의 공권력에 대한 신뢰를 얻기 위해서 실제로 벌인 일이에요. 이로부터 "나무를 옮기면 상을 주어 믿게 한다."는 뜻의 '이목지신(移木之信)'이란 고사성어도 나왔답니다.

여러분은 우리나라 대법원에 가 보았나요? 그곳에 가면 '정의의 여신상'을 볼 수 있어요. 한복을 입고 앉아 있는데, 한 손에는 저울, 한 손에는 법전을 들고 있어요. 오른손에 든 양팔저울은 누구에게나 치우치지 않게 법을 적용한다는 형평성을 상징하고, 왼손에는 올바른 판단의 근거가 되는 법전을 든 모습이에요.

본래 로마 신화에 나오는 정의의 여신상은 눈가리개를 하고 왼손에는 저울을 오른손에는 칼을 들고 있었다고 해요. 눈을 가린다는 것은 공평한 판결을 뜻하겠죠? 그런데 오른손에 무시무시한 칼을 든 모습은 어떨까요? 나라마다 정의의 여신상을 세워 놓고 있지만, 그 모습은 조금씩 달라요. 이는 법과 정의에 대한 생각이 조금씩 다를 수 있음을 의미하는 것이죠.

그럼 동양의 전통에서 법은 어떤 것이었을까요? 다시 광화문으로 가 볼까요? 경복궁에 가면 해치라는 석조상이 있어요. 해태라는 이름으로 더 잘 알려져 있죠. 해태는 선악을 판별하는 신성한 능력을 가진 동물인데, 죄가 있는 사람을 해태 앞으로 데려가면 머리의 외뿔로 들이받았다고 해요. 그러면 사람들은 해태에게 들이받힌 사람을 멀리 추방해 버렸죠.

이 해태라는 동물의 모습에서 한자 '법(法)'이 파생되어 나왔다고 해요. 해태 이야기에서 우리는 본래 동양의 '법'이 형벌의 의미를 가졌다는 것을 알 수 있어요. 형벌을 가리키는 '형(刑)'이란 글자는 아마 조선 시대 드라마의 한 장면을 연상하면 될 거예요. 감옥에 갇힌 춘향이가 기다란 널빤지 사이에 목을 끼우고 앉은 모습을 본 적이 있지요? 이것이 바로 형벌이고, 형이란 글자의 본래 형태와도 관련이 있어요.

법은 어떤 행동에 대한 금지의 뜻을 갖고 있고, 이를 어긴 사람에게 가해지는 처벌을 함께 뜻하기도 해요. 그런데 그 과정에서 또 다른 의미가 파생됩니다. 법이 어떤 행동을 금지하기만 하는 것이 아니라 어떤 행동은 권장하기도 한다는 것이죠. 이 때문에 법은 '모범' 혹은 '본보기'라는 뜻도 갖게 되었어요. 중요한 것은 법이 어떤 행동을 금지하는 뜻이든 어떤 행동을 권장하는 뜻이든, 우리에게 무언가를 강제한다는 데 있어요.

현대 사회에서 법의 준수가 강조되는 것은 바로 사회의 질서 유지를 위해서이고, 그것이 우리 모두에게 이익이 되기 때문이죠. 그런데 고대 중국에서 '법'을 중시했던 사상가들은 사람들을 다스리는 원칙이 법에 근거해야 한다는 데에는 동의했지만 법이 어떤 사람들에게 적용되는가를 둘러싸고는 다양한 생각이 나왔어요.

공자를 따르는 유가는 법은 서민들에게만 적용되고, 사(士) 이상의 귀족은 일종의 관습이라 할 수 있는 예로 다스려야 한다고 주장했어요. 하지만 법가는 이를 비판하면서 모두에게 똑같이 법이 적용되어야 한다고 주장했어요. 귀족이든 서민이든 법이 똑같이 적용되어야 하고, 이를 어겼을 경우에는 벌을 주어야 한다는 것이었죠.

또한 누구나 법을 지키도록 만들기 위해서는 강력한 상벌을 시행해야 한다고 주장했어요. 전쟁에 참여해서 커다란 공을 세운 경우와 같이 나라에 기여했을 때에는 큰 상을 주고, 법을 어겼을 때에는 가혹한 형벌을 내려야 한다는 것이에요. 당근과 채찍을 적절하게 잘 써야 법이 지켜질 수 있다는 것이죠. 이것이 고대 중국의 법가 사상가들이 대체로 주장하는 내용이에요.

그런데 왕족 출신의 한비자는 생각이 조금 달랐어요. 그는 국가의 이익보다 왕권의 안정을 더 우선시했어요. 법은 강력한 왕권을 유지하기 위한 수단으로 보았던 거예요. 법을 제정하는 것도 왕의 권한으로 생각했어요. 왜냐하면 왕권이 안정되어야 국가가 안정되고, 따라서 안정적인 법 집행이 이루어질 수 있다고 보았던 것이에요.

법을 지키는 이유는?

여러분이 보기에는 어떤가요? 우리가 법을 지키는 것은 그것이 우리에게 이익이 되기 때문 아닐까요? 그래서 오늘날에는 준법을 시민의 의무라 생각하고 있어요. 이와 달리 고대 중국에서는 법이 지켜지기 위해서는 강력한 상벌이 시행되어야 한다고 주장했어요. 상앙이 나무를 옮기는 자에게 상을 주었던 것에서 우리는 쉽게 알 수 있어요. 과연 지금도 당근과 채찍이 통할까요? 그렇지 않다면 왜 그런 것일까요?

우리는 오늘날 어떤 이유와 근거에서 법을 지키고 있는 것일까요? 고대 중국의 법가와 오늘날의 법치는 어떤 점에서 다를까요? 이것은 여전히 우리에게 토론해 볼 가치가 있는 중요한 물음들이에요.

19

병이 나기도 전에 치료를 한다고?

제 형님에 비하면
제 의술은 보잘것없지요.

고대 중국에 어떤 부자가 있었는데, 어느 날 큰비가 와서 창고의 벽이 무너졌어요. 부자의 아들이 도둑이 들지 모른다며 걱정했고, 옆집 주인도 똑같이 걱정하는 말을 했어요. 그날 밤 실제로 도둑이 들었어요. 부자는 아들이 지혜가 있다고 칭찬하면서 한편으로 옆집 주인이 도둑이 아닌가 의심했다고 해요. 이 이야기는 『한비자』에 나오는데, 한비자가 인간을 어떤 눈으로 바라보았는지 알 수 있죠.

옛날 어느 나라의 왕이 병이 났어요. 왕실의 의사들이 어떤 병인지조차 알아내지 못하자 왕은 자신의 병을 낫게 하는 의사에게 큰 상을 내리겠다고 널리 알렸어요. 그러던 어느 날 시골 출신의 한 의사가 왕의 병을 치료하겠다고 나섰어요. 신하들은 미덥지 않았지만 달리 방법이 없었기에 왕의 치료를 맡겼답니다. 놀랍게도 그 시골 의사는 왕의 병을 정확하게 진단하고, 이내 왕의 병을 치료했어요.

왕은 시골 의사의 놀라운 의술을 칭찬하며 큰 상을 내리고자 했어요. "당신은 뛰어난 명의이니 큰 상을 내리고자 하오." 그러나 시골 의사는 극구 사양하면서 이렇게 말했어요. "저는 명의가 아닙니다. 제 형님의 의술에 비하면 저는 평범한 의사일 뿐입니다." 그러자 왕은 놀라워하며 그의 형이 어떤 의술을 가졌기에 스스로를 평범하다고 하는지 물었어요.

시골 의사는 이렇게 말했어요. "제 형님은 마을 사람들이 의사라는 것조차 모릅니다. 왜냐하면 만약 누군가가 병이 들 징조가 보이면, 이런저런 음식을 권하거나 조심하게 해서 병이 나기도 전에 미리 치료를 합니다. 그러니 형님에 비하면 제 의술은 보잘것없지요." 시골 의사는 왕이 내리는 상조차 거부하고 길을 떠났다고 해요.

한비자는 이 이야기를 소개하면서 그 시골 의사의 형이 '무위'의 경지에 올랐다고 설명해요. 여기서 말하는 '무위'는 '무위의 술(術)'이라고도 하는데, 그 핵심은 남의 눈에 보이지 않게 다스리는 최고의 방법이란 뜻이에요. 남을 속여 가며 자신의 이익을 도모하기 위해 쓰는 방법을 '권모술수'라고 하는데, 이때의 술수가 바로 여기에 해당하는 뜻이에요.

통치의 기술인 '술'

한비자는 법이 밝게 드러내 놓고 다스리는 것이라면, '술'은 드러내 보이지 않고 다스리는 방법이라 말하고 있어요. 왜냐하면 모든 신하들은 철저하게 자신의 이익을 위해서만 일하기 때문에 결코 어느 누구도 믿어서는 안 되고, 철저하게 '술'을 통해 다스려야 한다고 조언해요. 창고의 담장이 무너진 부잣집 주인이 아들은 칭찬하고, 이웃집 주인은 의심했던 것처럼 한비자는 모든 사람을 경계의 대상으로만 보았어요.

한비자는 권력이란 어느 누구와도 공유할 수 없는 것이라고 하면서 심지어 부인이나 자식조차 믿어서는 안 된다고 말해요. 군주에게 주어진 최우선의 과제는 모든 권력을 자신의 손 안에 넣고 이를 공고하게 해야 하는데, 이를 위해서는 형벌이라는 수단과 통치의 기술인 '술'을 사용해야 한다고 강조했지요.

통치의 기술인 '술'을 사용하는 것에 대해 한비자는 여러 가지로 설명했어요. 그중 가장 중요한 것은 비밀을 지키는 것이에요. 누구도 믿을 수 없는 상황에서 군주는 자신의 진짜 의도나 생각, 계획 등을 그 누구도 모르게 비밀스럽게 행할 것을 권해요. 또한 신하와 백성들을 철저하게 감시하고 통제해야만 온순하게 군주의 뜻에 따를 것이라는 점을 강조했지요.

『한비자』에서 "현명한 군주가 윗자리에서 무위한다면, 신하는 아래에서 부들부들 떨면서 두려워한다."고 말할 때의 '무위'는 구체적인 실무는 신하들에게 맡기지만 상과 벌을 통해 복종시키고, 효율적으로 감시하면서 통제한다는 뜻이에요. 그러면 모두가 절대적으로 군주에게 복종해 권력을 유지할 것이라고 말하죠.

이러한 통치의 기술인 '술'은 후대에는 물론 오늘날에도 한비자가 비판받게 되는 이유이기도 해요. 왜냐하면 상벌과 '술'을 통한 절대적인 통제가 가능하려면 결국 사상의 통제와 백성을 어리석게 만드는 것이 필요하기 때문이에요. 오늘의 시각에서 보면 독재를 옹호하는 사상이고, 이를 통해 감시와 처벌로 통제하는 가혹한 통치로 이어질 수 있죠. 오늘날 대부분의 사회에서 금지하는 연좌제는 상호 감시와 가혹한 처벌을 바탕으로 한 통제 사회의 전형적 제도예요. 바로 대표적인 '술'의 한 가지인 것이죠.

한비자(韓非子, 기원전 280~233) 법가 사상을 종합한 한비(韓非)는 한(韓)나라의 유학자 순자에게서, 나중에 진시황제의 재상이 된 이사와 함께 배웠다고 한다. 그의 사상은 진시황제의 관심을 끌기도 했는데, 기원전 234년 진나라에 사신으로 갔을 때 그의 친구였던 이사의 계략에 빠져 죽음을 맞는 비운의 인물이다. 그는 그보다 앞선 법가 사상가들인 상앙의 제도 개혁 사상과 신불해의 통치술, 신도의 권력 기반에 관한 이론을 종합하여 법가 사상을 완성하였다.

20

사랑보다 권세가 주요하다고?

신나는 상상을 해 볼까요? 여러분이 대학에 진학해서 페이스북의 창업자 마크 저커버그처럼 놀랍고 유용한 앱을 개발했어요. 순식간에 수많은 투자자가 몰리고, 여러분이 창업한 작은 기업은 세계적인 회사로 성장하게 되었어요. 당연히 많은 사람을 고용해야겠죠? 여러분은 어떤 사람을 고용하겠어요?

조선 시대에 선비가 관리가 되려면 과거 시험을 봐야 했어요. 오늘날도 마찬가지예요. 공무원이 되려면 시험을 보는 것이 일반적이죠. 조선의 과거 시험과 한국의 공무원 시험의 차이는 응시 자격에 있어요. 현대 사회에서는 특별한 경우를 제외하면 누구에게나 동등한 응시의 기회를 부여하고 있어요.

그렇다면 시험으로 관리를 선발하기 전에는 어떻게 했을까요? 고대 중국의 전국 시대에는 이를 둘러싸고 다양한 주장들이 제시되었어요. 특히 고위직의 군 관료나 행정 관료의 경우 막강한 권한을 갖게 되는데 어떤 사람에게 지위를 맡길 것인가는 당시의 군주들에게 커다란 고민거리였어요.

이미 춘추 시대에 공자의 유가와 묵자의 묵가는 능력에 따른 관리의 선발을 주장했어요. 공자와 묵자는 지혜롭고 능력 있고 도덕적으로 모범이 되는 인물을 군자나 현인이라 부르며, 이들에게 중책을 맡겨야 한다고 주장했지요. 왜냐하면 이런 사람들이 백성과 공공을 위해 헌신적으로 일할 것이라 생각했기 때문이에요.

장자는 이와 다른 시각에서 공직에 관심이 없는 사람, 욕심이 없는 사람에게 공직을 맡겨야 한다고 주장했어요. 왜냐하면 그런 사람이야말로 공직에 있으면서 사사로운 감정 없이 공평하게 일을 처리할 것이라 생각했기 때문이에요. 공자와 묵자, 장자 모두 관리의 선발에서 가장 중요하게 여긴 것은 공정한 일처리였어요. 자신의 사사로운 욕심이 아니라 백성들의 이익을 위해 일하는 사람을 뽑아야 한다는 것이죠.

때로는 힘이 통하는 법이라고?

그런데 한비자의 생각은 달랐어요. 왜냐하면 한비자는 오로지 군주가 권력을 획득하고 이를 유지함으로써 국가가 안정되는 것이 가장 중요한 과제라고 보았기 때문이에요. 이를 위해서 한비자가 강조한 것이 바로 '세(勢)'예요. 오늘날의 말로 풀면 권력에 해당해요. 즉 '세'는 자신의 의지를 타인에게 강요하고 명령에 복종케 하는 능력을 뜻해요.

앞에서 우리는 '법'과 '술'을 살펴보았어요. 힘이 없으면 법을 강제할 수도 없고, 다른 사람을 감시하거나 통제하는 기술을 발휘할 수도 없어요. 그래서 한비자는 '세'야말로 군주가 반드시 얻고, 지켜야 하는 가장 중요한 것이라 생각했어요. 고대 중국의 유명한 폭군이었던 걸이 못된 짓을 할 수 있었던 것도 '세'가 막강했기 때문이고, 유학자들이 존경하는 요 임금도 '세'가 없었다면 아무 일도 하지 못했을 거라고 한비자는 지적해요.

그렇다면 이 '세'라는 것은 어떤 것일까요? 한비자는 '세'가 두 가지 의미를 지닌다고 생각했어요. 하나는 지위로부터 나오는 지배력이에요. 왕이라는 신분은 누구도 함부로 할 수 없는 존귀한 권한을 갖는 지위예요. 다른 하나는 다른 이에게 자신의 명령을 가할 수 있는 물리적 수단과 자원을 뜻해요. 쉽게 말하면 막강한 군대와 부유한 경제력을 갖추어야 한다는 것이죠.

고대로부터 현대에 이르기까지 중국의 정치가들이 추구했던 국가 정책의 기본은 '부국강병'이에요. 즉 경제적으로 부유하고 강력한 군사력을 갖춘 나라를 만드는 것이죠. 전쟁이 빈번한 전국 시대에 타국의 침략을 저지하기 위해서는 강력한 군대가 있어야 했고, 백성들을 복종시키기 위해서는 형벌을 가할 수 있는 수단이 있어야 했죠. 이 모두가 경제력이 밑받침되어야 가능한 일들이에요.

이런 생각을 가진 한비자는 인재 등용에 있어서 어떤 원칙을 갖고 있었을까요? 그는 '충성심'이 가장 중요한 기준이라 생각했어요. 군주에 대한 충성 그 이외의 조건은 중요하지 않다는 것이죠. 어리석은 사람이라 해도 그에게 높은 지위와 권세를 부여하면 지혜로운 사람이 머리 숙이고 명령에 복종하게 되니, 중요한 것은 권세, 즉 '세'이지 사람이 아니라는 거예요.

이 때문에 한비자는 사랑으로 백성을 이끄는 인의의 정치를 부정했어요. 한비자는 "관리는 백성을 사랑하지 않지만 그가 명령하면 아버지가 명령하는 것보다 만 배나 잘 행해진다. 어머니가 아무리 사랑을 베풀어도 자식에게 명령이 통하지 않지만 관리는 위엄을 부리기에 백성들이 복종한다. 그래서 군주는 사랑의 마음보다 권세를 추구한다."고 했어요.

한비자는 군주가 '세'를 잡고 유지하면서 '법'과 '술'을 통해 신하와 백성들을 철저하게 통제할 수 있을 때 사회가 안정되고, 부국강병의 나라가 이루어질 것이라 생각했어요. 이러한 주장은 커다란 호응을 얻어 동양의 전통 국가들에서 법체계, 관료제, 조세 제도 등이 일찍부터 발달해 온 것은 사실이에요. 하지만 현대의 국가와 달리 한비자는 오직 군주의 지배를 강화하려는 목적에서 이런 사상을 체계화했어요.

여러분의 생각은 어떤가요? 여러분이 기업을 운영하면서 인재를 선발한다면, 여러분은 공자나 장자, 한비자 가운데 어떤 사람의 제안을 따르겠어요? 또 민주주의 사회에서는 어떤 원칙에 따라 공직자를 임용하는 것이 바람직한 것일까요? 능력 있는 사람? 공평한 사람? 아니면 자신에게 충성스러운 사람? 그리고 우리 사회는 어떤 원칙으로 사람을 선발한다고 생각하나요?

21

정치와 의학이 원리가 같다고?

治 　　여러분은 혹시 '치(治)'라는 한자를 알고 있나요? 이 한자가 쓰이는 단어를 보면, 독특한 점이 있어요. 이 한자는 '정치(政治, politics)'에도 들어 있고, 질병을 '치료(治療, therapy)'한다는 말에서도 쓰여요. 영어와 같은 언어에서는 이런 연관성이 전혀 없는데, 한자어에서는 공통의 요소로 쓰이고 있어요. 왜 그럴까요?

고대 중국의 고전 『장자』에는 유명한 백정 이야기가 실려 있어요. 양나라 백정 포정이 소를 잡는 데 칼을 움직이는 손놀림이 마치 교향곡을 연주하듯이 웅장하고 예술에 가까웠어요. 이에 감동한 문혜군이 포정을 칭찬하면서 "어떻게 사람의 기술이 이 정도까지 이를 수 있는가?" 하고 물었어요. 그러자 포정은 이렇게 답을 해요. "제가 소를 잡는 것은 도(道)의 경지이지, 기술이 아닙니다."라고요.

이 대화에서 우리는 동양 철학의 한 가지 중요한 특징을 알 수 있어요. 여기서 '도'는 참과 거짓의 구분을 통해 알 수 있는 논리적 진리와는 성격이 달라요. 그것은 고도의 실천과 성취를 통해 다다를 수 있는 어떤 경지에 해당해요. 즉 어떤 대상에 대한 지식이 아닌 일종의 '노하우'에 해당하는 것이에요. 예컨대 친구들과 싸우지 않고 잘 지내는 법이 '도'라면, 그것은 아는 것만으로 충분하지 않고 실제로 행동을 통해 성취될 수 있는 것이죠.

유학의 가장 중요한 고전 가운데 하나인 『대학』은 그 가르침의 핵심이 "뜻을 진실하게 하고 마음을 바로잡으며, 자신의 몸을 잘 수양하고, 집안을 잘 다스리고, 나라를 잘 다스리고, 천하를 평화롭게 하는 것"에 있다고 말해요. 이 글에서는 몸을 수양하다는 뜻의 '수신(修身)', 천하를 평화롭게 하다는 뜻의 '평천하(平天下)'라고 했지만, 이런 표현은 모두 '치'로 바꾸어 써도 무방해요.

달리 말하면 자신의 몸을 수양하는 것은 '치신(治身)'이고, 나라를 다스리는 것은 '치국(治國)'이고, 천하를 평화롭게 하는 것은 '치천하(治天下)'로, 모두 다 '치'의 영역에 해당하는 거예요. 그래서 등장하는 생각 가운데 하나가 '치신' 즉 몸을 다스리는 것과 '치국' 즉 나라를 다스리는 것은 같다는 사상이에요. 이런 사상을 종합한 것이 바로 한(漢)나라 때의 황로학(黃老學)이라는 학문이에요.

건강한 몸
건강한 사회

현대의 학자들은 한나라 때에 등장한 사상인 '천인감응(天人感應)' 또는 '천인상감(天人相感)'을 동양 철학의 가장 중요한 특징으로 꼽아요. 즉 자연과 우주가 인간의 몸과 구조적으로 동일하고 서로 영향을 주고받는다는 생각이에요. 따라서 인간이 자신의 몸을 다스리는 방법은 곧 국가를 다스리는 원리와도 통한다는 뜻입니다.

인간의 머리와 발이 하늘과 땅의 모습을 본받은 것처럼 인간의 몸은 우주의 축소판이라는 생각에 더해, 국가의 모습 또한 인간의 몸과 같은 구조를 갖고 있다는 거예요. 예컨대 인간의 마음은 명령을 내리는 기관이기에 군주에 해당하고 간과 비장, 폐와 신장은 신하에 해당한다고 보았어요. 또 팔과 다리는 백성들에 해당한다고 보았어요. 달리 말하면 국가와 인간의 신체가 딱 맞아 떨어진다는 것이에요.

다스린다는 뜻의 '치'는 조화와 균형과 질서를 회복시키는 행위를 뜻해요. 몸을 다스린다는 것은 곧 몸을 건강하게 돌보는 것을 의미할 뿐만 아니라 도덕적으로도 바르게 한다는 의미를 함께 갖고 있어요. 그것이 곧 '치신'이죠. 마찬가지로 나라를 다스린다는 것은 국가의 질서를 지킨다는 뜻이며 백성들의 화합을 이끌어 낸다는 뜻이기도 해요. 그것이 곧 '치국'인 것이죠.

이렇게 본다면, 정치는 곧 의학인 셈이죠. 오늘날 우리가 건강한 사회를 만든다고 할 때 그 또한 건강한 몸을 만드는 것과 같은 의미일 테니까요. 그러니까 동양 철학에서 말하는 좋은 사회에 대한 비전은, 단지 사회적으로나 정치적으로 질서 있는 사회일 뿐만 아니라 도덕적으로도 바른 개인들로 구성된 사회를 의미하는 것이에요.

4장

철학에도 기원이 있다고?

동양 철학

22

소크라테스는 공자와 토론할 수 있을까?

살면서 가장 어려운 일 가운데 하나가, 생각이 다른 사람끼리 말을 주고받는 것 아닐까요? 생각이 같을 때는 구태여 말을 주고받는 일조차 필요 없을 때가 있어요. 취향이 같거나 좋아하는 걸 그룹이 같은 팬일 경우, 우리는 서로에게 묻지 않고 눈빛만 보아도 어떤 선택을 할지 이미 알고 있는 경우가 많아요. 서로가 공유하는 어떤 느낌, 생각, 사고방식이 있기 때문이에요.

여러분 중에 아버지나 어머니와 생각하는 방식이 같다고 느끼는 사람은 많지 않을 거예요. 어른들은 왜 꼭 그렇게 생각하는 걸까, 라고 느껴 본 사람이라면 이미 '세대 차이'가 무엇인지 몰라도, 세대에 따라 생각이 다를 수 있다는 것을 아는 거죠. 이렇게 사람은 개인에 따라 생각이나 취향, 가치관이 다 달라요.

생각이 같으면 대화가 쉽겠지만, 생각이 다르면 대화하기가 어렵죠. 어른 세대와 청소년 세대가 대화를 나누기 어려운 까닭은, 서로가 성장하고 자라면서 겪은 일들이 다르기 때문이에요. 성장하던 시절에 보고 듣고 느낀 일이 다르면, 생각하는 방식이 다르겠죠. 우리 사회는 여러 세대가 모여 살기에, 그만큼 생각이 다르고 가치관이 다른 사람들이 많다고 느끼며 살고 있어요. 그런데 다른 나라에서 온 사람들이 보기에도 그럴까요? 아마 그들은 이렇게 말하지 않을까요? '한국 사람'은 내가 사는 나라 사람들과는 달라!

외국에서 왔거나 외국에서 오랫동안 살다 온 사람들은 아마도 이런 말에 쉽게 공감할 거예요. 내가 느끼고, 생각하고, 판단하는 방식은 나의 개인적인 특성이기도 하지만, 다른 한편에서는 우리 공동의 특성이기도 해요. 왜냐하면 우리는 서로 다르다고 느끼지만, 외국 사람들이 보기에는 비슷하거나 같다고 말한다면 분명 우리에게는 어떤 '공통의 것'이 있기 때문 아닐까요?

우리 각자는 서로 다르다고 느끼지만 외국 사람들이 보기에 비슷하다고 느끼는 것은 어디에서 비롯될까요? 이에 대한 해답으로 학자들이 지적하는 것이 바로 '문화' 혹은 '문명'이에요. 특히 대항해 시대 이후 세계 각지를 돌아다니며 관찰한 결과 서구 유럽 사람들은 오래전부터 형성되어 온 거대한 문명이 있다고 생각했어요. 그리스의 소크라테스, 인도의 붓다, 서남아시아 지역의 예수, 그리고 중국의 공자로 대표되는 세계 4대 문명이 바로 그것이에요.

20세기 전반 독일의 철학자 칼 야스퍼스는 대략 기원전 6세기를 전후하여, 세계의 곳곳에서 고도의 문명을 성취하면서 '인간'을 발견했다고 했어요. 그는 이 시대를 '기축 시대'라고 불렀어요. 오늘날 우리가 세계 4대 문명이라고 부르는 종교적, 철학적 전통이 이때 싹트기 시작했다는 말이에요. 특히 한국과 중국, 베트남과 일본을 아우르는 동아시아 지역은 공자에게서 비롯되는 유교 문화권이라고 불렀어요.

철학이 다르면 생각이 달라

하나의 문명은 우주와 세계, 인간과 자연을 바라보는 생각과 가치관을 독자적으로 형성했어요. 따라서 문명이나 문화가 다르면, 자연과 사회를 보는 눈이 다를 수 있어요. 이때 각 문명이 세계와 인간을 보는 시각이 다르다는 것을 설명할 때 등장하는 것이 바로 철학과 종교예요. 서로 다른 종교를 믿는 사람은 생각이 다를 수 있어요. 마찬가지로 철학이 다르면 생각이 다를 수 있어요.

그렇다면 유럽 사람들이 각자의 다름에도 불구하고 서로 비슷하게 생각하는 방식이 서양의 '철학'에서 유래한다면, 동아시아 사람들이 각자의 다름에도 불구하고 서로 비슷하게 생각하는 경향은 '동양 철학'으로 설명할 수 있지 않을까요? 우리가 생각해 보려 하는 것이 바로 이것이에요. 과연 소크라테스와 공자가 만난다면, 서로 토론할 수 있을까요?

23

'필로소피아'와 '철학'은 같은 걸까?

여러분이 미국이나 영국, 혹은 독일이나 프랑스의 고등학교로 유학을 갔다고 가정해 볼까요? 어느 날 반에서 철학을 소개하는 수업을 하게 되었어요. 그래서 한국에서 공부할 때 조금 배운 조선의 퇴계 이황과 율곡 이이의 철학을 소개했어요. 한국 철학을 전혀 몰랐던 반 친구들과 선생님은 매우 흥미로워했어요.

19세기와 20세기 초에 조선과 중국의 수많은 젊은이들이 미국으로 유학을 떠났어요. 주로 의학과 자연 과학 그리고 공학을 배워 자신의 조국을 발전시키겠다는 커다란 포부를 갖고 떠났죠. 그런 사람 가운데 하나가 중국의 평유란이에요. 1919년 미국으로 유학을 간 평유란은 여러 사람들에게 "중국에도 철학이 있느냐?" 혹은 "중국에서는 왜 과학이 발달하지 못했느냐?"와 같은 질문을 받았다고 해요.

미국에서 돌아온 후 중국의 여러 대학에서 철학을 강의하던 평유란은 1934년 『중국 철학사』라는 책을 펴냈어요. 그 책 서문의 첫 문장에서 평유란은 이렇게 말해요. "철학이라는 말은 본래 서양 말이다. 중국 철학사를 논의할 때 중요한 작업 중의 하나는, 중국의 역사상 각종 학문 가운데 소위 서양의 철학이라 이름할 수 있는 것을 골라 서술하는 일이다."

여기서 중요한 것은 "철학이라는 말은 본래 서양 말이다."라는 표현이에요. 본래 동아시아에는 '철학'이란 말이 없었고, 이 말은 서양의 단어인 '필로소피(philosophy)'를 일본의 학자 니시 아마

네가 처음으로 '哲學(철학)'이라 번역했어요. 그렇다면 본래 동아시아에는 철학이 없었던 것일까요?

이 물음은 아주 복잡한 물음이고, 20세기 내내 여러 학자들이 토론했던 문제이기도 해요. 하지만 결국 1990년대 이후에는 동아시아에도 철학이 있었다는 것을 누구도 부정하지 않아요. 중국의 춘추 전국 시대에 활동한 제자백가와 유교·불교·선교 삼교의 전통, 조선 유학 등을 모두 철학이라 부르는 데에 반대하는 사람은 이제 거의 없어요. 그럼에도 남는 문제가 있어요. 왜냐하면 여전히 동양 철학은 그 학문의 내용과 방법이 서양 철학과 많이 다르기 때문이에요.

철학이란 말이 나중에 사용되었을 뿐

이 문제에 답하는 데에 중요한 통찰을 준 사람이 김재인이라는 최근 한국의 철학자예요. 그는 고대 그리스에서 '철학'이라는 말보다 '철학자'라는 말이 먼저 쓰였다는 점을 지적하고 있어요. 즉 '지혜(sophia)에 대한 사랑(philia)'을 뜻하는 철학(philosophia)이

* 이 구분은 김재인 지음, 『생각의 싸움―인류의 진보를 이끈 15가지 철학의 멋진 장면들』(동아시아)의 논의를 따라 가져온 것으로, 동양 철학의 기원을 설명하기에 아주 유용하다.

란 말보다 '지혜를 사랑하고 추구하는 자' 즉 철학자(philosophos)라는 말이 먼저 사용되었다는 거예요. 이것이 왜 중요한지는 조금만 따져 봐도 알 수 있어요.

서양 철학의 기원을 말할 때 가장 많이 언급되는 사람이 "만물의 근원은 물이다."라고 주장했던 이오니아의 철학자 탈레스예요. 탈레스는 철학이라는 학문이 있기 전에 활동했던 사람이에요. 그런데 플라톤이 '철학자'라는 말을 본격적으로 사용했고, 따라서 플라톤처럼 하는 생각의 활동을 '철학'이라 부르게 된 거예요. 그리고 플라톤의 제자인 아리스토텔레스는 플라톤 같은 생각의 활동을 했던 첫 번째 인물이 탈레스라고 했어요.

탈레스는 철학이란 말이 없었음에도 어떤 생각의 활동을 했고, 아리스토텔레스가 나중에 탈레스가 했던 생각의 활동은 플라톤이 말하는 '철학'에 해당하는 것이므로 탈레스는 철학자다, 라고 했던 거예요. 이는 공자나 노자, 이황과 이이에게도 똑같이 적용할 수 있어요. 즉 본래 철학자가 아니었던 탈레스를 아리스토텔레스가 철학자라 부르면서 탈레스의 철학이 가능해진 것처럼요.

동양에는 본래 철학자나 철학이란 말이 없었어요. 철학이란 말은 분명 서양 학문의 번역어로 만들어진 용어예요. 하지만 서양에서 말하는 어떤 생각의 활동이 없었던 것은 아니에요. 펑유란이 "각종 학문 가운데 소위 서양의 철학이라 이름할 수 있는 것"이라 말한 것은 어떤 생각의 활동들을 뜻하고, 바로 그것들이 '중국 철학'과 '동양 철학' 그리고 '한국 철학'을 구성하는 내용이 되는 거예요.

또한 탈레스 철학의 내용과 플라톤 철학의 내용은 조금 달라요. 마찬가지로 공자와 묵자, 노자와 장자의 철학의 내용도 조금씩 달라요. 이렇게 철학은 개별 철학자가 씨름했던 내용이 달랐던 것만큼 조금씩 다르다고 할 수 있어요. 서양 철학과 동양 철학의 내용이 다른 것도 이런 방식으로 설명할 수 있어요.

이제 우리는 "동양에도 철학이 있었니?" 혹은 "한국에도 철학이 있었니?"라는 질문에 답할 수 있어요. 그러니까 동아시아에도 오래전부터 생각의 활동이 있었는데, 그런 활동들은 다른 이름으로 불렸어요. 그러다가 19세기 말 서양에서 특정한 생각의 활동을 가리키는 말 '필로소피아'가 들어왔고, 그것을 철학이라 번역하여 공자나 노자와 같은 인물들에게 적용하면서 동양 철학은 시작된 것이죠.

제자백가(諸子百家) 제자백가라는 말은 천하를 통일한 한(漢)나라에서 앞선 시기의 사상과 문헌을 정리하면서 만들어진 용어이다. '자(子)'는 스승에 대한 존칭으로 서양에서는 '철학자' 혹은 '사상가'를 뜻하는 말로 해석되며, '가(家)'는 오늘날의 학파에 해당한다. 따라서 제자백가란 고대 중국의 모든 철학자들과 그의 학파들이란 뜻으로 이해할 수 있고, 다른 한편으로는 그 스승들의 이름을 따른 문헌들로 이해할 수 있다.

생각의 활동이란 차원에서 이야기한다면 그 기원은 지금으로부터 무려 2800년 전인 고대 중국의 제자백가로까지 소급될 정도로 역사가 오래되었어요. 비록 '철학'이나 '철학자'라는 말이 사용된 것은 19세기 말 이후이지만 『중국 철학사』에서는 중국 철학이 공자나 그 이전에 시작된 것으로 서술하고, 『한국 철학사』에서는 한국 철학이 주로 단군 신화나 삼국 시대부터 시작한답니다.

'한국 철학'이 따로 있나?

20세기 한국의 철학자 가운데 가장 유명한 인물은 누구일까요? 아마 배운 적도 없고, 생각해 본 적도 없기에 답하기가 쉽지 않을 거예요. 그러면 조선 시대의 철학자는 어떤가요? 많은 사람들이 이황과 이이를 금방 떠올릴 수 있을 거예요. 지폐에서도 확인할 수 있으니까요. 그러면 이제 본격적으로 한국 철학자들에 대해 알아볼까요?

철학 공부를 시작할 때 가장 널리 읽히는 여러 가지 '철학사' 책들이 있어요. 말하자면 철학의 역사를 정리한 책이죠. 이전에 서구의 학자들이 쓴 책에는 동양이나 한국의 철학자를 소개한 적이 없었어요. 그러다가 영국의 철학자 버트런드 러셀이 처음으로 서양의 전통만을 철학이라 인정하는 것은 편협한 생각이라 여겨 자신의 책에 『서양 철학의 역사』라는 제목을 붙이기도 했어요.

그런데 철학의 역사에 관한 책이 이렇게 철학 전반을 다루기만 하는 것은 아니에요. 『프랑스 철학사』 혹은 『미국 철학의 정신』처럼 특정한 국가의 철학의 역사를 소개한 책들도 많아요. 철학이 보편적인 지혜나 진리를 탐구하는 학문이기는 하지만 각 철학자들의 출신 지역이나 국적은 여전히 중요한 의미를 갖는 듯해요. 즉 철학이라는 생각의 활동은 보편적이지만, 각각의 철학자들의 활동은 지역이나 국적과 무관할 수 없다는 거예요.

1970년대에 한국의 여러 학자들이 모여 회의를 했어요. 유럽 여러 나라에는 자기 나라의 철학 전통을 소개하고 정리한 저술들이 있는데 왜 우리는 없을까, 라는 문제 제기였어요. 그래서 여러 학자들이 참여하여 오랜 기간 연구한 끝에 세 권으로 이루어진『한국 철학사』가 1987년에 간행되어 널리 읽혔어요. 하지만 아쉬운 것은 이 책이 주로 고대 사회에서 조선 시대에 이르는 전통을 다루는 데에 머물렀다는 점이에요.

그래서 20세기 말까지 한국에서는 주로 조선 시대 유학자들까지만 철학자라고 불렀지, 현대의 학자들을 철학자라 부르는 경우가 적었어요. 하지만 1980년대에 도올 김용옥은 스스로를 철학자라 부르며 전국적인 화제가 되었어요. 김용옥은 서양 철학의 전통은 물론 동양 철학 전통, 심지어 기독교와 불교에 이르는 다양한 주제로 강연을 하고 책을 저술했어요. 21세기에 이르면서 철학을 공부한 사람들을 철학자라 부르는 것은 자연스러운 일이 되었죠.

한국의 위대한 철학자, 함석헌

그렇다면 오늘날 한국의 철학자라 불리는 사람 가운데 가장 유명한 사람은 누구이고, 어떤 이유로 한국 철학이라 분류되는 것일까요? 2008년 세계 철학자 대회에 참석하기 위해 외국에서 온 철학자들이 가장 관심을 보인 한국의 철학자는 씨올 함석헌이었어요. 함석헌은 기독교적 사상 배경에서 출발했지만 한국인의 삶의 역사와 현실에서 나름의 생각을 전개해 나갔어요. 그리고 그의 저술들은 모두 한글로 쓰였다는 점이 중요해요.

1970~80년대에 '한국 철학이란 무엇인가?'라는 논쟁이 일어났을 때 학자들은 두 가지 개념으로 한국 철학의 의미를 논의했어요. 하나는 '한국에서의 철학(philosophy in Korea)'이에요. 함석헌의 철학에는 기독교 사상이나 노장 사상이 혼융되어 있어요. 하지만 함석헌이 기독교 사상을 많이 수용했다고 서양 철학자가 되거나, 노장과 같이 전통 사상을 수용했다고 동양 철학자가 되는 것은 아니에요. 그가 어떤 사상적 자원을 가지고 철학을 하던, 그가 '한국에서' 철학이라는 생각 활동을 했다면 그는 한국 철학자가 되는 것이죠.

다른 하나는 '한국적 철학(Korean philosophy)'이라 할 수 있어요. 즉 함석헌은 한국의 역사에 대해 성찰하였고, 일제 강점기, 그리고 분단된 현실에서 생각하는 것을 강조했어요. 그것이 바로 "지금 이 자리에서 씨올을 중심으로" 하는 철학이에요. 이때 함석헌이 주로 사용하는 '씨올(민중)'은 과거의 그 어느 학자도 사용해 본 적이 없는 고유한 용어이고, 그 말 속에는 함석헌 철학의 핵심이 담겨 있어요. 그리고 그의 씨올 사상은 모두 한글로 표현되어 있지요. 이것은 분명 서양의 철학과도 구분되고, 중국이나 일본의 철학과도 구분되죠. 그러므로 함석헌의 철학은 '한국적 철학'이라 할 수 있어요.

　이렇게 보면 '한국 철학'이란 확고하게 정해져 있는 어떤 것이 아니에요. 1980년대까지만 해도 한국의 학자들은 자신을 '철학을 공부하는 사람'이라 불렀지 스스로 '철학자'라 자처하는 경우는 드물었어요. 이것은 스스로를 내세우지 않고 겸손한 것이 학자의 미덕이라 생각하는 전통 때문이기도 해요. 하지만 21세기에 들어서면서 많은 학자들이 스스로 '철학자'라 부르곤 해요. 이는 자신감의 표현이죠.

　1970년대 이후 한국은 성공적인 산업화를 거쳤고, 1987년 이후 민주적 제도를 갖추면서 놀라운 발전을 이룩했어요. 특히 2016년 가을부터 2017년 봄에 이르는 촛불 혁명은 세계적인 주목을 받는 사건으로, 한국의 정치적, 사회적, 문화적 위상을 보여주는 중요한 지표로 자리 잡게 되었어요. 이제 한국에서 우리의 삶을 성찰하고 사색하는 생각의 활동은 세계사적인 의미를 갖는 것이 되었다는 뜻이에요.

　아마도 촛불 혁명으로 상징되는 우리의 현실을 철학적으로 표현하는 학자가 나온다면, 그것은 진정한 의미의 '한국적 철학'이면서 세계사적인 의의를 갖는 '한국에서의 철학'이 되지 않을까 싶어요. 그 노력은 지금도 이루어지고 있고, 앞으로도 이루어질 거예요.

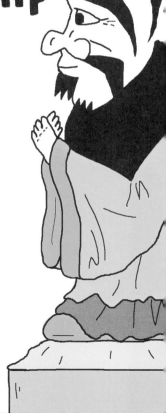

25

유교는 종교일까, 철학일까?

유교의 가르침을 열심히 배워야지.

??

여러분의 가정에선 설과 추석에 차례를 지내나요? 설과 추석, 제삿날에는 온 가족이 모여 음식을 장만하고 상을 차리고 조상에게 절을 하죠. 조상에게 제사하는 관습은 사실 유교가 발흥하기 이전부터 있었지만, '조상 제사'는 유교가 종교라는 것을 확증하는 중요한 증거로 간주되어 왔어요. 여러분은 유교가 종교라고 생각하나요?

여러분은 박람회에 대한 이야기를 들어 본 적이 있을 거예요. 1893년 미국 시카고에서는 콜럼버스의 아메리카 발견 400주년을 기념하여 콜럼비아 세계 박람회를 개최했어요. 박람회가 열리는 동안 수많은 국제회의도 함께 열렸는데, 그 가운데 가장 주목을 받은 것은 세계 종교 회의였어요. 힌두교와 불교, 자이나교, 조로아스터교 등 10개 종교의 대표자들이 강연하거나 논문을 발표했죠.

이 세계 종교 회의에 참가한 사람 중에 눈에 띄는 인물이 있었는데, 당시 중국 정부에서 공식적으로 파견한 외교관 펑광예였어요. 그는 1893년 9월 13일 '유교'라는 제목의 글을 발표하면서, 중국에서 '유교'라 할 때의 '교(敎)'는 서양 사람들이 말하는 종교와 달리 '가르치다' 또는 '가르침'이란 뜻일 뿐이며, 따라서 유교는 종교가 아니라고 주장했어요.

또 당시의 『웹스터 영어 사전』에서 '종교'를 "신을 숭배하고 사랑하고 따르도록 가르치고 마음을 다해 신의 교리를 섬기도록 가르치는 것"이라고 한 정의를 소개하며, 중국의 유교는 이와 다르다고 했어요. 그런 의미의 종교에 부합하는 것은 도교나 불교이지, 유교는 아니라는 것이었죠. 유교는 오히려 '예교(禮敎)' 즉 "예절에 대한 올바른 가르침"으로 이해해야 한다고 주장했어요.

유교는 예절에 대한 가르침

하지만 펑광예와 달리 세계 종교 회의에서 토론한 사람들은 대부분 중국에서 활동하던 기독교 선교사이거나 목사로서 모두 유교를 종교로 규정했어요. 이때부터 유교는 도교, 불교, 이슬람교와 더불어 종교의 하나로 이해되기 시작했어요. 그리고 그 후 100년 동안 한국과 중국을 포함한 지적 전통들은 유교를 대체로 종교에 해당하는 것으로 분류해 왔어요. 자기 스스로 유교는 종교가 아니라고 했던 주장은 무시되어 왔던 것이죠.

이런 상황 때문에 동양 철학은 철학인가 아닌가 하는 논쟁이 20세기 내내 있어 왔어요. 예를 들어 고대 중국의 도가로 분류되는 『노자』와 『장자』는 '노장 철학'이란 이름으로 철학 전통으로 인정받았지만, 후한(後漢) 이후에 등장하는 '도교'는 주로 종교로 간주되었어요. 후한 시대에 중국으로 전래된 불교는 20세기에 주로 종교로 이해되었지만, 불교도 가운데 상당수는 불교가 철학이라고 주장하는 사람들이 많아요.

　그렇다면 오늘날은 어떨까요? 한국과 중국을 비롯한 동양의 학자들은 물론 세계의 많은 학자들이 1990년대부터 동양의 철학 전통을 인정하는 분위기로 바뀌기 시작했어요. 최근에는 미국과 유럽의 학자들 가운데 스스로를 유가 철학자나 도가 철학자라고 칭하는 사람들까지 나오기도 했어요. 이들 가운데에는 한국이나 중국에서 태어나 서양으로 건너가 활동하는 동양인들만이 아니라 서양인들도 다수 포함되어 있어요.

　또한 함석헌 같은 현대 한국의 대표적인 사상가들은 1990년대까지만 해도 민족의 큰 사상가라고 불렸으나, 최근에는 철학자라는 이름으로 불리는 경우도 많아요. 이는 지난 100년 동안 수많은 학자들이 전통 학문을 철학적으로 재해석하면서 충분한 연구가 이루어졌기 때문이기도 하지만, 다른 한편으로는 한국과 중국이 경제적으로 발전하면서 서구 학계에서 동양 철학을 인정하는 분위기가 커진 덕분이기도 해요.

　따라서 유교가 종교인가 철학인가, 혹은 동양 철학이 철학인가 아닌가 하는 식의 논쟁은 사실상 서양의 학자들이 동양의 학문 전통을 어느 정도로 존중하느냐 하는 점과도 관련되어 있어요. 이렇게 동양의 전통을 서양 사람들의 시각에서 규정하는 것을 에드워드 사이드라는 학자는 '오리엔탈리즘'이라 불렀지요. 오늘날에는 동양권의 여러 학자들이 이런 오리엔탈리즘적인 평가를 비판하면서 동양 철학은 어느 정도 객관적인 평가를 받고 있어요.

하지만 세계적으로 주목받는 동양 철학이나 한국 철학이 등장했다고는 아직은 말할 수 없어요. 어쩌면 그것은 앞으로 개척해야 하는 과제가 아닐까 싶어요. 여러분이 세계적인 한국 철학자가 되어 보면 어떨까요?

5장

문화가 다르면 생각도 다를까?

동서 철학의 차이

26 어릴 때의 나와 지금의 나는 같은 사람일까?

주변의 어른들에게 "갓난아기 때 요만 했던 녀석이 벌써 이렇게 컸네!"라는 말을 들어 본 적 있죠? 기억나는 것은 하나도 없는데 분명 나를 닮은 그 녀석! 하지만 가끔 어른들이 어릴 적 내 모습을 보던 눈으로 지금의 나를 보는 것 같아 싫을 때가 있지 않나요? 나는 그냥 나일 뿐인데, 왜 자꾸 갓난아기 때를 떠올리며 지금의 나를 보려는 걸까요?

노벨 경제학상을 받은 경제학자이자 철학자인 아마르티아 센이라는 사람이 있어요. 그가 케임브리지 대학의 학장으로 있던 어느 날, 영국 히드로 공항에서 입국 절차를 받을 때의 일이에요. 출입국 관리소 직원은 여권을 꼼꼼히 살피다 학장 관사의 주소를 보더니, 그에게 학장과 친구냐고 물었다고 해요. 센은 잠깐 자신이 자신의 친구인지 생각해 보고는, 그렇다고 대답했다고 해요.

아마도 출입국 관리소 직원은 인도 벵골 출신의 까만 피부를 가진 사람이 영국의 명문 케임브리지 대학의 학장일 것이라고는 상상할 수 없었던 모양이에요. 센은 엉뚱한 질문에 잠시 당황했고, 스스로 생각해 본 결과 자기 자신과 친하다고 생각해서 그렇다고 대답했다고 하면서, '정체성(identity)'이란 문제가 이렇게 복잡한 문제라고 지적하고 있어요. 달리 말해 센은 직원의 엉뚱한 물음 때문에 "나는 누구인가?"라는 복잡한 철학적 질문을 시작했던 거예요.

그런데 "나는 누구인가?"라는 물음은 무척이나 다양한 의미를 갖는 문제예요. 어릴 적 내 모습을 기억하는 주변 어른들이 여전히 나를 어린아이로 대하는 것은 왜일까요? 어릴 적 '나'와 지금의 '나'는 키와 몸무게, 말이나 행동이 모두 달라졌는데, 동일한 사람이라 생각하기 때문 아닐까요? 이렇게 외모 등 여러 면에서 변화했음에도 불구하고 동일한 사람이라 생각하는 것을 '실체(substance)'라고 해요.

나는 여러 정체성을 갖고 있어

나의 실체는 외모 등 여러 가지 차원에서 변화를 겪어도 변하지 않는 것, 영원한 것이라 생각하고, 이를 통해 인간의 자아에 접근하는 것을 '실체론적 사고'라고 불러요. 서양 철학은 이런 생각을 바탕으로 발전해 왔어요. 이와 달리 출입국 관리소 직원의 물음에 센 교수가 고민했던 '나'는 정체성과 관련되는 조금 다른 영역이에요. '나'는 여러 정체성을 갖고 있거든요.

아침에 일어나 눈을 뜨면 강아지 토리가 와서 내 손을 핥으며 꼬리를 흔들어요. 그때의 난 사람으로서 동물을 대하고 있어요. 침대에서 일어나 거실로 나가면 가족을 만나게 되죠. 그때의 난 누군가의 아들이거나 딸이에요. 학교에 가기 위해 집을 나서면 나는 학생이고, 교실에 들어서면 여러 친구들과 인사를 해요. 월드

컵 경기 중에 붉은색 셔츠를 입고 광화문에 나가면 자랑스러운 한국인이 되기도 하죠.

이렇게 나는 여러 가지 모습의 '나'로 존재하는데, 이런 나를 '정체성'이라 불러요. 중요한 것은 내가 어떤 정체성으로 파악되느냐에 따라 내가 말하고 행동하는 방식이 달라진다는 것이죠. 유학자들은 이러한 정체성을 '명(名)' 혹은 '명분(名分)'이라 불렀어요. 누군가의 아들 혹은 딸, 학생, 직장인 등의 이름들은 모두 내가 가족이나 사회의 한 성원으로서 갖는 일정한 '몫'이고, 따라서 그에 따른 합당한 말과 행동의 방식이 있다고 생각했어요.

자식은 자식답게, 학생은 학생답게, 공무원은 공무원답게, 인간이라면 인간답게 행동하는 것, 그것을 공자는 '정명(正名)'이라 불렀어요. 예컨대 "부모와 자식은 사랑으로 대해야 한다."라는 '부자유친(父子有親)'이란 덕목은 부모와 자식이라는 '이름'에 적합한 말과 행동의 방식을 전제하고 있는 거예요. 이때 상호 간의 적절한 말과 행동의 방식을 '예'라고 불렀어요.

21세기인 오늘날에도 여전히 "나는 누구인가?"라는 물음은 여러 가지 차원에서 커다란 논란이 되고 있어요. 만약 과학 기술이 더 발달하여 나의 기억을 통째로 복제 인간이나 휴머노이드에게 옮길 수 있다면, 그 존재는 여전히 '나'일까? 하는 실체와 관련된 논의를 하게 돼요. 또 내가 여성이고, 외국인 노동자이고, 무슬림이라면 우리 사회는 어떻게 대접하는 것이 바람직할까? 하고 묻는 것은 나의 정체성과 관련된 질문들이라 할 수 있어요.

동양 철학과 서양 철학은 언어와 문화, 전통과 역사를 달리하기에 우리에게 던져 주는 생각거리와 지혜가 다를 수 있어요. 그러나 20세기를 거치며 동양 철학과 서양 철학은 많은 토론을 거쳐 어느 정도 서로 이해하게 되었고, 오늘날 우리들에게 서로 다른 측면에서 '나'와 '세계'를 이해할 수 있도록 도와주는 역할을 하고 있어요.

여러분은 어떤 사람인가요? 우리는 다른 사람을 어떻게 대해야 할까요? 결국 우리들 한 사람 한 사람은 모두 독립적인 개인(실체)이자 여러 모습(정체성)을 가진 '나'가 아닐까요?

눈빛만으로 사람을 움직인다고?

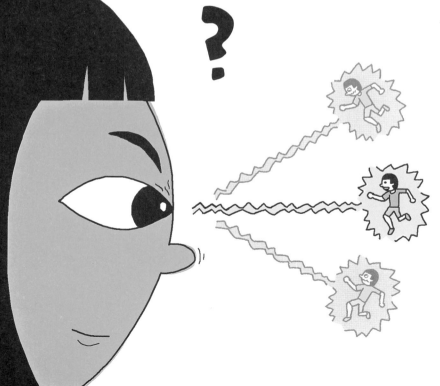

오늘따라 기분이 꿀꿀하고 가슴도 답답하네요. 아침부터 엄마의 잔소리를 들어서인지, 어젯밤 했던 게임에서 왕창 깨져서인지는 모르겠지만요. 그래서 하루 종일 짝꿍에게 괜히 심술을 부렸어요. 평소엔 장난으로 받아 주던 친구가, 계속된 내 심통에 갑자기 크게 화를 내는 거예요. 난 순간적으로 멈칫하며 놀랐어요. 너무도 갑작스런 일이라 어쩔 줄 몰랐죠. 난 도대체 어떻게 해야 할까요?

1960년대 이전에 서양에서는 나라마다, 문화마다 감정을 느끼고 표현하는 방식이 다르다고 생각했어요. 그런데 인류학자 폴 애크먼은 이런 생각에 동의하지 않았어요. 그래서 저 멀리 뉴기니의 포레족 사람들에게 달려갔어요. 그의 가방에는 여러 가지 얼굴 표정의 사진들이 가득 들어 있었어요. 웃는 얼굴, 화난 얼굴, 찡그린 얼굴, 당황한 얼굴 등 미국 사람들의 다양한 얼굴 표정이 담긴 사진들이었죠.

애크먼은 이 사진들을 하나씩 꺼내 포레족 원주민들에게 사진 속의 사람이 어떤 상태에 있는지 설명해 보라고 했어요. 그러자 이 사람은 자식을 낳은 사람처럼 기분이 좋다, 저 사람은 아끼던 물건이 망가진 것처럼 화가 났다, 요 사람은 가까운 사람이 죽었을 때처럼 슬프다 하며, 사진 속의 얼굴을 정확하게 맞히는 거예요. 그래서 이번에는 반대로 해 보았어요. 포레족 원주민들에게 다양한 얼굴 표정을 짓게 하고 사진을 찍은 것이죠.

다시 미국으로 돌아온 애크먼은 주변의 여러 사람들에게 원주민의 얼굴 표정 사진을 보여 주며, 이 사람이 지금 어떤 상태인지 물었어요. 사람들은 화난 얼굴, 슬픈 얼굴 등 인간의 감정 상태에 대해 정확하게 맞혔지요. 애크먼은 이 실험을 통해 인간의 감정은 문화나 역사, 인종에 상관없이 보편적이라는 점을 밝혀낸 거예요. 오늘날 이런 사실을 부정하는 사람은 거의 없어요.

감정이 균형을 잃으면?

아침부터 꿀꿀했던 나는 결국 짝꿍을 화나게 만들었어요. 왜 그랬던 걸까요? 이유를 정확히 알 수 없는 어떤 심리 상태 때문인데, 그걸 기분이라고 불러요. 그에 비하면 짝꿍이 화를 낸 것은 분명한 감정을 드러내죠. 서양의 철학자 스피노자는 인간의 충동이나 동기, 정서와 느낌을 모두 통틀어 감정이라고 불렀어요. 인간을 이해하는 데 가장 중요한 것은 바로 이 감정이라고 보았던 거예요.

이와 똑같은 생각을 표현하는 말이 정(情)이에요. 고대 유학의 고전 『예기』에 "정이란 무엇인가? 기뻐하고, 화내고, 슬퍼하고, 두려워하고, 아끼고, 미워하고, 바라는 것은 모두 정인데, 이것들은 사람이 배우지 않고도 할 수 있는 것이다."라는 유명한 말이 있어요. 애크먼은 이런 것을 기본 감정이라 부르는데, 이런 감정의 능력들은 뇌에 프로그램된 것처럼 모든 사람에게 공통된 능력이라 했어요.

가만히 생각해 보세요. 나는 왜 괜히 짝꿍에게 심통을 부렸을까요? 아마 그것은 어떤 꿀꿀한 느낌, 더러운 기분 때문 아니었을까요? 또 친구는 왜 내게 화를 냈을까요? 그건 내 행동 때문이었겠죠? 그런데 내 기분이나 느낌은 보이지 않는 내 마음속의 사건이지만, 친구가 화낸 것은 눈에 드러나 보이죠. 얼굴 표정, 몸짓, 눈빛 등을 통해서요. 즉 보이지 않고 주관적인 것은 느낌이나 기분이고, 감정은 확연히 드러나 보이는 것이에요. 그런 의미에서 감정은 분명한 행동이나 움직임이에요.

동양 철학에서는 사람을 움직이게 하는 것은 바로 이런 감정, 곧 정(情)이라고 보았어요. 그래서 훌륭한 사람, 바른 행동은 이 감정이 상황에 맞고, 적절하게 발휘되는 데에서 비롯된다고 보았어요. 그것이 유명한 『중용』의 '조화' 사상이에요. 『중용』에서는 "희노애락의 감정이 상황에 맞는 것을 '조화'라 한다."고 했어요. 자기 기분이 꿀꿀하다고 친구에게 심통 부리는 것은 경솔한 행동이죠. 하지만 계속된 내 장난에 화를 낸 친구의 행동은 적절한 행동일 수 있어요. 그 순간 놀란 나는 장난을 멈추고 어찌해야 할지 고민하게 되었으니까요. 결국 나는 친구에게 사과하고 예전으로 다시 돌아가죠.

우리는 한 개인, 친구 사이를 예로 들었지만, 고대 유학자들은 천하를 다스리는 왕, 높은 지위의 공직자 등 훨씬 중요한 사회적 지위나 역할을 가진 사람들을 염두에 두고 했던 말이에요. 따라서 훨씬 복잡하고 어렵지만 그 핵심은 결국 같아요. 인간을 움직이는 것은 바로 인간의 감정이며, 이 감정이 균형을 잃지 않을 때 사회적 조화가 가능하다는 생각이죠.

동양은 지혜를, 서양은 지식을 추구했다고?

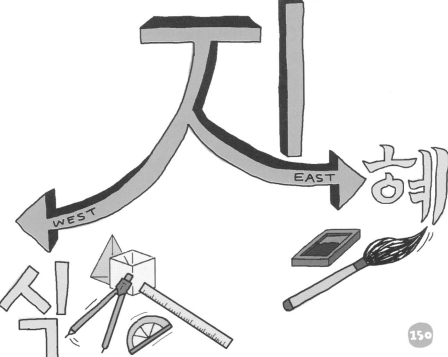

내게는 늘 함께 붙어 다니던 두 친구가 있어요. 그런데 어느 날 사소한 일로 두 친구가 크게 싸우고 난 뒤, 관계를 끊었어요. 그러곤 둘 다 내게 다른 친구와 관계를 끊고 자신하고만 친구하자고 해요. 안 그러면 관계를 끊겠다고요. 난 두 친구가 모두 좋아서 어느 쪽도 끊고 싶지 않아요. 나는 어떻게 해야 할까요?

『장자』에 보면 이런 우화가 실려 있어요. 고대 중국을 다스렸던 최초의 황제가 곤륜산에 여행을 다녀오다가 검은 진주를 잃어버렸어요. 그래서 지식이 많았던 지에게 찾아보게 했으나 찾지 못했고, 다시 눈이 밝은 이주에게 찾게 했으나 그 또한 찾지 못했고, 말을 잘했던 끽후에게 시켰지만 마찬가지로 찾지 못했어요.

실망한 황제는 포기할까 하다가 혹시나 하는 마음으로 어리숙해 보이는 상망에게 일을 시켰는데, 상망은 어렵지 않게 검은 진주를 찾아왔어요. 황제는 깜짝 놀라 '이상하다, 어떻게 어리석은 상망이 검은 진주를 찾을 수 있었을까?' 하며 이상하게 생각했어요. 지식이 많은 사람, 눈이 밝은 사람, 말 잘하는 사람 모두 찾지 못한 것을 어리석어 보이는 상망이 찾았기 때문이에요.

인터넷을 통해 지식과 정보가 넘쳐 나는 오늘날 똑똑한 사람은 누구일까요? '구글'이나 '지식iN'에서 검색해 보면 찾지 못하는 정보는 거의 없을 거예요. 지식이 많은 것은 분명 똑똑한 것이지만, 그런 사람을 창의적이라거나 지혜롭다고 하지는 않아요. 『장자』의 우화는 바로 이 점을 지적하고 있어요. 지식이 많고 말을 잘

한다 해도 그것이 곧 검은 진주를 찾는 데는 별 도움이 되지 못했다는 것이죠.

여기서 검은 진주는 바로 '도(道)'를 상징하는데, 이 '도'는 동양 철학이 추구하는 진리이기도 하지만 일차적으로는 어떤 '길'이에요. 목적지까지 도달할 수 있는 길이죠. 보다 쉽게 이야기하면 해결책이라고도 할 수 있어요. 그러니까 어리숙하던 상망이 검은 진주를 찾았다는 것은 문제를 해결했다는 것이에요. '도'는 일종의 문제 해결 능력인 셈이죠.

그래서 유학자들은 두 가지 종류의 지식을 구분했어요. 하나가 '견문지지(見聞之知)'로 글자 그대로 보고 들은 경험적 지식을 뜻해요. 우리가 일반적으로 말하는 지식이란 '견문지지'에 해당해요. 다른 하나는 '덕성지지(德性之知)'라 불렀는데, 이 말은 조금 까다로운 의미를 갖고 있어요. 왜냐하면 이 '덕성지지'는 도덕적 수양을 통해 얻어지는 것이거든요. 일종의 도덕적 판단 능력이라 할 수 있어요.

친구랑 잘 지내려면 '덕'이 필요해

딱 맞는 예는 아니지만 비슷한 한 가지 예를 들어 볼까요? 기독교의 『성경』에는 지혜로운 왕 솔로몬의 유명한 재판 이야기가 나와요. 어느 날 두 여인이 솔로몬 왕에게 한 어린아이를 데리고 와서 아이의 엄마가 자신이라고 주장했어요. 그러자 솔로몬은 누가 진짜 엄마인지 가릴 수 없으니 둘로 나누어 반씩 주라고 명령했어요. 한 여인이 놀라 울면서 그렇게 하면 아이가 죽으니 차라리 다른 여인에게 주라고 하자, 솔로몬은 그 여인이 진짜 엄마라 하며 진실을 가려 주었지요. 엄마의 모성애를 가릴 줄 아는 진정한 통찰력이 있어야 가능한 판결이었겠죠?

'덕성지지'라는 것은 이와 같이 인간의 본성에 대한 이해와 사리 분별로부터 오는 지적 판단력에 가까워요. 단지 사물에 대한 여러 가지 지식을 많이 갖고 있다 해서 발휘할 수 있는 것은 아니에요. 가만히 보면 우리가 해결해야 할 문제들은 '견문지지'를 필요로 하는 것들도 있지만, '덕성지지'를 필요로 하는 것들도 많아요.

나와 친한 두 친구가 서로 싸워 내가 중간에 끼이게 되었을 때와 같이 인간관계에서 비롯되는 수많은 문제들은 '덕성지지'가 필요하죠. 친구들과 사이좋게 지내는 것은 물론 사회 안의 다양한 사람들의 이해관계를 조화롭게 하기 위해서 '덕성지지'가 필요한 것은 당연하지 않을까요? 요즘 식으로 이야기하면 '덕성지지'란 도덕적 판단 능력과 정치적 해결 능력을 포괄하는 매우 실천적인 지혜에 해당할 거예요.

서양 철학의 지식 모델은 자연 과학을 위주로 하고 있어요. 고대 그리스의 플라톤이 수학과 기하학을 중시했던 것처럼, 서양 철학은 대체로 확실하고 객관적인 지식을 중시하는 전통을 갖고 있다고 할 수 있어요. 이와 달리 동양 철학은 인간관계에서 비롯되는 다양한 문제들에 주력했어요. 이렇게 구분해 보면, '견문지지'와 '덕성지지'라는 구분도 이와 비슷하지 않을까요? 동양은 지혜를 추구하고 서양은 지식을 추구했다는 말은 이런 맥락으로 이해하면 어떨까요?

있는 것은 있고, 없는 것은 없는 걸까?

고대 그리스의 철학자 파르메니데스는 유명한 말을 남겼어요. "있는 것은 있고, 없는 것은 없다." 너무 당연한 말이죠? 이 유명한 말은 서양 철학의 역사에서 존재론에 대한 논쟁을 이어 가게 합니다. 그런데 고대 중국의 고전 『노자』에는 "있음은 없음에서 생겨난다."는 말이 나와요. 도대체 이것이 가능한 걸까요?

여름에 가족들과 캠핑을 떠났어요. 산 아래쪽의 캠핑장에 텐트를 설치하지 않고 최대한 위쪽으로 올라가 조용한 곳에 자리를 잡았어요. 피곤해서 잠을 자려는데 화장실에 가고 싶은 거예요. 가족들을 깨우지 않으려고 살금살금 일어나 텐트 밖으로 나왔는데, 도무지 화장실이 어디에 있는지 너무 어두워서 길을 찾을 수가 없었어요. 그래서 대자연에 거름을 준다는 마음으로 울창한 나무 한편에서 실례를 하기로 했어요.

아무런 소리도 나지 않는 고요한 정적, 그런데 갑자기 주변의 나뭇가지와 잎들이 후드득 떨리는 거예요. 무언가가 갑자기 뒤쪽에서 튀어나올 것만 같아, 일은 보지 못하고 그냥 텐트로 달려 들어왔어요. 너무나 무서웠죠. 여러분은 혹시 캠핑 갔다가 이런 일을 겪어 본 적이 없나요?

서양 철학에서 '존재(being)'란 도대체 무엇인가를 묻는 존재론은 수많은 물음이 있지만, 특히 "정말로 존재하는 것은 무엇일까?"에 따라 두 가지 입장으로 나눠져요. 세상에 진짜로 존재하는 것은 물질적인 것이라 보는 입장은 유물론이라 하고, 플라톤이 말하는 이데아처럼 정신적인 존재로 보는 입장은 관념론이라 불러요. 존재론의 유명한 두 입장이죠.

있음은 없음에서 생겨난다

동양에서도 왕필로 대표되는 위(魏)나라의 귀무론과 구양건으로 대표되는 진(晉)나라의 숭유론이 '유무 논쟁'으로 주목받았어요.

노자의 "있음은 없음에서 생겨난다."는 말에 대한 해석을 둘러싸고 왕필은 '무(無)'가 '유(有)'에 비해 더 근본적이니 '무'를 귀하게 여겨야 한다고 주장했어요. 이에 대해 구양건은 어떻게 '무'에서 '유'가 나올 수 있느냐며 논리적으로 반박했고, 따라서 '유'를 숭상해야 된다고 주장했던 거예요. 나중에 송(宋)나라의 장재는 "세계는 '기(氣)'로 꽉 차 있기에 무는 존재하지 않는다."라고 주장하면서 논쟁은 어느 정도 종결되었어요.

이 유무 논쟁은 처음에는 서양 철학의 존재론과 비슷한 논의로 이해되었어요. 그런데 논쟁이 진행되면서 서양 철학과 다른 의미를 갖는다는 것이 밝혀졌어요. 왜냐하면 실제 논쟁에서 학자들이 대립했던 것은 "어떤 것이 진짜 실재하는 것이냐?"가 아니라 "현실의 제도와 사회적 규범이 어디에서 비롯되느냐?" 하는 것이었기 때문이에요. 따라서 순수한 존재론적 물음이기보다 사회적, 정치적인 논의에 가까웠던 거예요.

여러분이 바람도 없고, 달빛도 없는 조용한 숲속에 있으면 고요하고 적막하죠? 그러다 바람이 불면 나뭇잎이 흔들리고 바람 소리가 나면서 여러분은 두려움을 느끼게 돼요. 즉 아무런 움직임도, 변화도 갖지 않았던 '무'의 상태에서 바람이 불고 잎이 떨리는 '유'의 상태로 변화한 거예요. 노자의 "있음은 없음에서 생겨난다."는 말은 본래 이런 뜻이었어요.

그런데 이런 현상을 사회에 적용해 보면 더 큰 의미를 갖게 돼요. 바람도, 소리도, 냄새도 없이 고요한 상태인 '무'가 더 본래의 모습이라면, 인간의 경우에도 '신분'이나 '직책' 같은 것은 아직 정해져 있는 것이 아니니, 이 본래의 모습에서부터 사회의 제도와 규범을 세워야 한다고 왕필은 보았어요. 구양건이 반대했던 것은 바로 이 점이에요. 사람은 태어날 때부터 이미 누구의 자식, 즉 어떤 신분을 가진 상태로 태어난다는 거예요. 따라서 기존의 질서를 인정하면서 제도와 규범을 세워야 한다는 것이죠.

오늘날의 시각에서 보면 논리적으로 다소 미흡한 점들이 많지만, 중요한 것은 근본적인 물음을 제기하면서 현실의 제도와 규범의 근거를 물었다는 점에서 매우 수준 높은 철학 논쟁이라 평가받고 있어요. 오늘날의 철학은 과학과 기술, 시민적 동의 등 보다 다양한 근거 위에서 이와 같은 토론을 한다는 것이 다르지만, 이런 논쟁들을 여전히 하고 있다는 점에서는 차이가 없어요.

여러분이 보기에는 어떤가요? "있음은 없음에서 생겨난다."
는 노자의 말에 여러분은 어떻게 토론할 수 있을까요?

누구나 '성인'이 될 수 있다고?

여러분은 어떤 사람이 되고 싶나요? 장래의 꿈을 묻는 질문에 여러분의 대답은 제각각일 거예요. 어떤 사람은 셰프가 꿈이고, 어떤 사람은 아이돌 스타가 꿈이고, 어떤 사람은 국제기구에서 일하고 싶어 하죠. 현대인에게 꿈은 개인마다 달라요. 그런데 옛사람들의 꿈은 한결같았어요. 그건 바로 성인이 되는 것이었어요. 그들이 말하는 성인이란 어떤 존재이고, 또 왜 성인 되기를 꿈꾸었을까요?

여러분은 '성인'이란 말을 들어 보았죠? 세계 4대 성인이라 하면서 소크라테스, 붓다, 공자, 예수를 꼽는 것을 알고 있을 거예요. 그런데 이들은 모두 종교의 창시자거나 문명의 기틀을 닦은 사람으로 알려져 있어요. 하지만 이는 매우 현대적인 의미이고, 성인의 본래 의미는 제도를 만드는 사람 또는 현실의 왕이 도달해야 할 모습을 뜻하는 말이었어요. 동양 철학의 목표는 바로 성인이 되는 것이었어요.

본래 '성인(聖人)'이란, 글자의 모습 그대로 보면 커다란 제단 위에 앉아 다른 사람의 '입(口)'에서 나오는 말에 '귀(耳)'를 기울이는 사람(人)이에요. 아마도 그런 말은 단순한 대화가 아니라 어떤 요구를 담는 말이겠죠? 중국의 옛 문헌에 기록된 성인은 그래서 문명의 창조자로 묘사되고 있어요. 어떤 성인은 불을 사용할 수 있게 했고, 어떤 성인은 농사의 기술을 알려 주었고, 어떤 성인은 문자를 발명했다는 거예요. 하지만 이런 이들은 모두 신화나 전설에 등장하는 존재들이에요.

국가가 정비되면서 성인의 의미는 달라져요. 황제나 왕은 무엇보다 제도를 만들고 정책을 시행하는 사람이에요. 이런 일을 하기 위해 필요한 것이 바로 권력이죠. 그런데 그런 권력자들, 즉 현실의 황제나 왕이 그 권력으로 사람을 죽이고, 전쟁을 일으키는 일에 몰두한다면 세상은 커다란 혼란에 휩싸이지 않겠어요? 그래서 옛날의 사상가들은 황제나 왕에게 좋은 모델을 제시했어요. 고대 중국의 제자백가는 모두 어느 것이 가장 좋은 모델인가를 두고 경쟁했던 사람들이에요.

장자는 이러한 생각들을 종합하여 이렇게 표현했어요. 동양 철학의 정신은 '내성외왕의 도(內聖外王之道)'를 밝히는 데에 있다고요. '외왕(外王)'이란 현실에서 왕의 지위를 가진 사람을 뜻하는데, 이런 사람들에게 무엇보다 중요한 것은 내면적(內)으로 성스러운(聖) 사람이 지녀야 하는 '덕(德)'을 갖추어야 한다는 거예요. 즉 훌륭한 인격을 갖추어 다른 사람의 모범이 될 만한 사람이 왕이 되어야 한다는 것이죠. 그러니까 현실의 왕들이 그런 덕을 갖추어야 한다고 요구하는 것이에요.

인간은 무엇을 추구하는가?

그러나 우리가 역사 속에서 보듯 현실의 통치자들이 언제나 훌륭하지는 않아요. 현실에 좌절한 사상가들은 조금씩 생각을 바꾸기 시작해요. 현실의 황제나 왕을 성인으로 만들 수 없다면, 자신이 성인이 되어 자신과 주변 사람들을 변화시켜야 한다고요. 따라서 왕이나 황제만이 성인이 될 수 있는 것이 아니라, 선비들 스스로가 인격을 연마하면 성인이 될 수 있고 백성들을 변화시킬 수 있다고 생각하기 시작한 거예요. 조선의 유학자들이 바로 이런 생각을 발전시켰던 사람들이에요.

이런 생각은 더 발전되어 어떤 학자들은 시장통이나 길거리에서 만날 수 있는 평범한 사람들까지 모두 성인이 될 수 있다고 주장했어요. 즉 인간이 타고난 선한 마음을 잘 길러 훌륭한 인격을 갖춘다면, 누구라도 성인이 될 수 있다는 거예요. 19세기 조선에서 일어난 동학의 가르침은 불교와 기독교의 영향도 있지만, 누구나 성인이 될 수 있다는 유학의 가르침을 더욱 발전시킨 것이기도 해요.

옛날의 전통에서 성인이 된다는 것은 높은 지위로 올라가 수많은 사람들에게 영향력 있는 사람이 된다는 것과 같은 의미였어요. 하지만 왕은 물론 사대부, 심지어 평범한 서민까지 성인이 될 수 있다는 생각은 지위와 상관없이 자신이 처한 상황과 일에서 어떤 성취를 이루어 낸다는 것을 의미하지요. 요즘 식으로 말하면 '짱'이 되는 것이고, 스스로를 완성하는 일이기도 해요. 달리 말해 현대적인 의미의 성인이란, 스스로를 완성하여 다른 사람에게 좋은 영향을 미치거나 모범이 될 만한 사람을 뜻하는 것이랍니다.

얼짱이 되거나 몸짱이 되는 것도 가능하고, 아이돌 스타나 뛰어난 셰프가 되는 것도 모두 '성인 되기'에 해당할 수 있어요. 중요한 것은 그런 성취가 정당하고 다른 사람에게 모범이 되어 존경받을 만한 사람이 되어야 한다는 것이죠. 재벌이 되었어도 존경받지 못하거나 대통령이 되었어도 무시당한다면, 성인이 되었다고 할 수 없죠. 어쩌면 오늘날의 표현으로 하면 영웅에 가까울 거예요.

여러분은 어떠세요? 성공은 누구나 바라는 일이죠. 그런데 성공했음에도 욕을 먹는 사람이라면 영웅과는 거리가 멀겠죠? 오히려 실패했더라도 존경받는 사람이 된다면 그런 사람을 영웅이라 할 수 있어요. 이런 영웅이라면 아마도 전통 사회에서 말하는 성인과 다름없지 않을까요? 여러분도 성인 되기를 꿈꿔 보는 것은 어떨까요?

원수는 무엇으로 갚아야 할까?

31

어떤 사람이 공자에게 와서 물었어요. "선생님, 원한이 있는 사람에게 은혜로 갚는다면 어떻겠습니까?" 그러자 공자는 이렇게 되물었어요. "그러면 당신에게 은혜를 베푼 사람에게는 무엇으로 보답하려고 하십니까?" 여러분은 어떻게 생각하세요? 기독교에서는 "원수를 사랑하라."고 하는데, 여러분은 원수에게 사랑을 베풀 수 있을까요? 아니면 원수에게 반드시 복수를 해야 하는 것일까요?

영국의 선교사 제임스 레그라는 사람이 있었어요. 그는 19세기에 30년 이상을 홍콩에 머물면서 중국의 고전을 열심히 공부했어요. 그리고 영국으로 돌아간 후 무려 18종이 넘는 다양한 동양의 고전을 영어로 번역해서 서구 세계에 소개했어요. 유학의 가장 중요한 고전인 『논어』, 『맹자』, 『중용』, 『대학』은 물론 『도덕경』과 『장자』 같은 도가의 고전까지 영어로 번역했지요.

제임스 레그의 번역은 매우 뛰어나서 지금도 학자들은 그의 번역을 참고해서 읽기도 해요. 그런데 그는 기독교 선교사이다 보니 종종 기독교의 입장에서 동양 고전을 비평하기도 했어요. "원한이 있는 사람에게 은혜로 갚는다면 어떻겠습니까?"라는 물음에 대해 공자가 한 대답을 보고, 레그는 공자의 윤리가 원수까지 사랑하라는 기독교의 가르침에 비해 수준이 떨어진다고 혹평했죠.

그렇다면 공자가 어떻게 답했기에 레그는 공자가 수준이 떨어진다고 비난했던 것일까요? 공자는 "원수에게는 정직으로 갚고, 은혜는 은혜로 갚는다."고 대답했어요. 대답이 쉽게 납득이 되지 않죠? 은혜는 은혜로 갚는다는 말은 쉽게 이해되지만, 원수를 정직으로 갚으라니요? 이 뜻을 이해하려면 조금 더 넓은 시야에서 살펴야 해요.

여러분은 가장 오래된 법전인 함무라비 법전을 들어 본 적이 있죠? 고대 바빌로니아의 법전인 함무라비 법전은 "눈에는 눈, 이에는 이"라는 원칙으로 유명해요. 예를 들어 법전의 196조에는 "자유민의 눈을 뽑은 자는 그 눈을 뽑는다."고 되어 있어요. 정의를 실현하는 것은 똑같은 방식의 보복을 통해 이루어진다는 것이죠. 즉 고대 세계에서 정의는 복수를 뜻하는 것이었어요.

옳고 그름은 어떻게 판단되는가?

공자의 답은 이렇게 복수로 이루어지는 정의를 다른 방식으로 바꾸려는 데에 있었어요. 여기서 공자가 말하는 정직이란 '자연스럽게 솟아나는 바른 마음'이란 뜻이에요. 맹자는 이 마음을 나중에 '옳고 그름을 가릴 줄 아는 마음' 즉 '시비지심(是非之心)'이라 불렀어요. 우리는 어떤 것이 옳은지 그른지 충분히 헤아릴 수 있는 마음을 타고났다는 뜻이에요. 이 마음이 제대로 발휘되었을 때가 바로 유학자들이 말하는 '의(義)'예요.

'의'란 오늘날의 말로 하면 정의감이라 할 수 있어요. 우리는 자신이 혹은 타인이 부당하거나 불합리한 일을 당하면 불편하거나 분노의 감정을 느끼게 돼요. "어? 저렇게 하면 안 되는데!"라거나 "그건 아니지!"라는 생각과 감정이 들었다면 그것은 바로 '시비지심'이에요. 그런 의미에서 '시비지심'은 감정이면서 동시에 어떤 생각이에요.

그래서 공자가 "원한에 대해 정직으로 갚는다."고 한 말에 대해 후대인들은 주로 사심 없는 공정한 판단이라 설명해요. 예를 들어 송(宋)나라의 유학자 주희는, 그의 제자가 공자가 한 말의 뜻을 묻자 "상을 주어야 하면 상을 주고 벌을 내려야 하면 벌을 내리는 것일 뿐, 자신의 사적인 감정이나 원한을 개입시키지 않는다."라고 말하죠.

오늘날 우리 사회에서 말하는 정의는 주로 분배와 관련된 뜻이 강해요. 어떤 일을 했을 때 A가 70퍼센트를 기여했다면, 30퍼센트를 기여한 B보다 A는 더 높은 대우를 받아야 한다는 거예요. 이것이 공정한 것이죠. 하지만 다른 한편 사회적 원칙을 정할 때, 정의로운 사회라면 가장 어려운 처지에 있는 사람을 최대한 배려하는 조건이 갖추어져야 한다고 이야기하기도 해요. 그래야만 불평등을 최소화할 수 있다고요.

동양의 전통에서는 이런 사회 정의에 대한 관심보다 정의감에 관한 이론을 발전시켜 왔어요. 왜냐하면 공자도 맹자도 주희도 그리고 조선의 수많은 유학자들도 모두 직업으로 보면 관리에 해당하는 사람들로, 법을 집행하던 사람들이에요. 따라서 이런 위치의 사람들에게 요구되었던 것은 사적인 마음을 개입시키지 않고 판단하는 자세였죠.

　기독교에서 "원수를 사랑하라."라고 했던 가르침이나 불교에서 "자비를 베풀라."는 가르침은 고귀하지만, 그것들은 현실의 모든 사람들이 행하기 어려워요. 또한 현대 사회가 너무 복잡해서 어떤 것이 옳고 그른지를 판단하는 것이 쉽지 않아요. 그러나 사실 우리는 "저건 아닌데!"라고 느끼고 생각할 때가 많아요. 그런 것들만 바로잡는다 해도 그 사회는 건강하고 바람직한 사회가 아닐까요?

32

영원히 사는 방법이 있다고?

진짜?!

누군가 정의를 위해 당신의 목숨을 바치라고 요구한다면, 여러분은 어떻게 하겠어요? 가족과 삶을 포기하고 그렇게 할 수 있을까요? 물론 그 누구에게도 쉽지 않은 일일 거예요. 그런데 지난 100년간 우리 역사에는 그런 분들이 수없이 많았어요. 안중근, 이봉창, 유관순 등 수많은 인물들이 죽음으로 삶을 초월했어요. 도대체 이런 일들은 어떻게 가능했을까요?

현대인에게 로봇은 아주 친근한 존재예요. 인간의 모습을 한 괴물을 창조해 낸 소설 『프랑켄슈타인』을 읽은 적이 있나요? 최근에는 갖가지 영화 속에서 휴머노이드가 출연하는 것은 물론, 실제로 인간에게 유용한 상품으로 개발 중에 있기도 해요. 그런데 이런 로봇이나 휴머노이드에 대한 이야기가 고대 중국에도 있었다는 것을 아는 사람은 드물어요.

『열자』라는 책에는 신기한 꼭두각시 인형 이야기가 있어요. 옛날 주(周)나라의 목왕이 손재주가 뛰어난 장인인 언사를 얻었는데, 언사는 왕을 위해 사람과 다름없는 꼭두각시 인형을 만들어 주었어요. 노래를 하거나 춤을 추는 것은 물론 걷고 뛰고 하는 모습이 영락없이 사람처럼 보였어요. 그런데 춤추고 노래하던 이 인형이 왕의 첩에게 윙크를 하는 것이었어요. 왕은 크게 노해서, 장인 언사를 죽이려 했어요.

이에 언사는 벌벌 떨며 인형을 해체해서 왕에게 보였어요. 인형은 가죽, 나무, 아교, 옻 등 여러 재료들을 깎고 다듬어 결합해

놓은 것에 불과했어요. 그런데 자세히 보니 간, 쓸개, 근육, 머리털 등 매우 정교하게 만들어져 있었어요. 왕이 시험 삼아 심장을 떼어 내니 인형은 말을 못했고, 간을 떼어 내니 보지 못했고, 신장을 떼어 내니 걸어 다니지 못했어요. 왕은 언사의 재주가 뛰어나다고 칭찬했지요.

이 정도의 기록이라면 이미 『열자』가 지어진 고대 중국에 로봇이나 휴머노이드에 대한 상상이 있었다고 할 수 있지 않을까요? 그런데 이 이야기를 가만히 살펴보면 한 가지 흥미로운 점이 있어요. 바로 영혼에 대한 이야기를 따로 하지 않는다는 점이에요. 우리가 쓰는 말 '영혼'은 주로 영어 'soul'의 번역어인데, 영혼은 인간의 신체와 상관없이 존재하는 것이에요.

하지만 영혼에 상응하는 말인 '혼(魂)'은 바로 신체 속에 깃들어 있다는 것이 특징적이에요. 그래서 심장을 꺼내면 말을 못하고, 신장을 꺼내면 걷지를 못했던 것이죠. 달리 말해 심장에는 말하는 능력을 주관하는 혼이 깃들어 있고, 신장에는 걸어 다닐 수 있는 능력을 주관하는 혼이 있다는 뜻이에요. 이런 능력을 발휘하는 혼은 하나가 아니라 인간의 몸 곳곳에 자리 잡고 있는 여럿이라는 생각도 알 수가 있어요.

보통 서양 철학은 정신과 육체, 물질과 정신을 나누어 온 데에 비해 동양 철학은 그런 구분이 없었어요. 우리는 언사의 이야기에서 이를 구체적으로 이해할 수 있죠. 따라서 죽음 이후의 사후 세계나 영혼의 구원 같은 생각은 동양 철학에서는 나타날 수 없는 것이었겠죠? 이런 생각들은 거의 모두 기원 후 불교를 통해 새롭게 유입된 생각들이에요.

그러다 보니 몸을 어떻게 단련하는지 혹은 몸을 어떻게 초월하는지가 동양의 주된 관심이었어요. 한편으로 죽지 않는 불사의 약을 먹어 늙어 죽지 않는 신선이 되는 것을 추구하기도 했고, 다른 한편으로는 수련을 통해 몸 안에서 신선이 되는 '내단(內丹)'을 형성하려는 노력을 하기도 했어요.

인간의 삶은 어떻게 초월되는가?

하지만 인간이 죽지 않는 신선이 되는 것을 불합리한 것이라 생각하는 사람들이 더 많았어요. 특히 유학자들은 죽음의 초월을 전혀 다른 차원으로 생각했어요. 죽음을 거부할 수 없는 인간에게 초월이란 자식을 통해 이루어진다는 것이죠. 나는 비록 죽어 사라지지만 내 자식을 통해 이어진다는 것, 이것이 바로 생물학적 초월이라 할 수 있어요.

이보다 더 중요한 초월은 역사에 이름을 남기는 것, 다른 사람의 모범이 되는 탁월한 언행을 통해 기록되는 것이야말로 의미 있는 초월이라고 생각했어요. 2,500년 전의 공자를 지금 우리가 기억하고 존경하는 것처럼 인간은 뛰어난 모범을 보이고, 다른 사람들에게 덕을 베풂으로써 역사를 통해 영생할 수 있다는 생각, 이것이 바로 동양 사상의 독특한 전통 가운데 하나예요.

물론 신선술처럼 영원히 죽지 않는 몸을 추구하던 전통도 있었고, 불교를 통해 들어온 죽음 이후 세계인 내세의 구원, 혹은 깨달음을 통해 부처가 되는 종교적 초월의 추구도 있었어요. 하지만 가장 주류가 된 생각은 유학자들에 의한 것이었어요. 바로 역사에 모범으로 기억됨으로써 누리게 되는 초월이에요. 우리가 하는 행동 하나하나, 말 한마디 한마디가 바로 우리의 삶을 초월하는 지고한 가치가 있다고 하는 생각이에요.

아마도 3·1 운동의 유관순 열사나 독립운동가 안중근 의사, 이봉창 열사 등의 말과 행동은 이런 관점에서 이해될 수 있지 않을까요?

세상은 어떻게 존재하는가?

한여름에 상온의 물을 그대로 마시면 전혀 시원하지 않지만, 냉장고에서 얼음을 꺼내 물에 넣어 마시면 무척 시원할 거예요. 그런데 얼음과 물에 어떤 차이가 있나요? 고체와 액체라는 점, 차갑고 미지근하다는 점 외엔 차이가 없죠? 하지만 옛 동양 철학자들은 이 차이를 매우 중시했어요. 명나라 때의 왕양명은 이 현상으로 세계의 존재를 설명할 정도였어요.

가끔 기지개를 켜나요? 양팔을 벌려 뒤로 젖히며 크게 숨을 들이쉬고 내쉬면 기분이 바뀌죠. 우리는 이때 심호흡을 한다고 해요. 호흡을 통해 공기가 몸속으로 들어왔다 나가죠. 그런데 중요한 것은 우리가 숨을 들이쉬고 내쉬면서 살아 움직인다는 것이에요. 사고나 질병으로 누군가의 사망 여부를 확인할 때도 손가락을 코에 대고 숨을 쉬는지 아닌지를 확인해요. 호흡은 곧 생명이니까요.

동양 철학에서 말하는 '기(氣)'는 들이쉬고 내쉬는 이 '숨쉬기'를 가리키기도 하고, 들이쉬거나 내쉬는 '공기'를 뜻하기도 해요. 동양 철학의 존재론은 여기에서 출발해요. '기'는 우리의 '숨'이나 공기를 뜻하지만, 이 때문에 우리가 살아 있기에 생명이라는 뜻도 있어요. 그렇다면 왜 이렇게 동양에서는 '기'를 중시하게 되었을까요?

가장 먼저 생각해 볼 수 있는 것은 바람이에요. 우리가 사는 한반도와 중국 지역은 대체로 온대 몬순 기후에 속해요. 계절풍

기후는 여름과 겨울에 불어오는 바람을 통해 계절의 변화를 겪어요. 겨울엔 차갑고 건조한 북서풍, 여름에는 무덥고 습한 남동풍이 불어요. 따뜻한 남동풍이 불면 대지에 싹이 돋고 성장하지만, 차가운 북서풍이 불면 온 세상이 얼어붙고 고요해지죠. 옛사람들은 이 바람에 매우 민감했어요.

본래 한자 '기(氣)'에서 '气'는 구름이 바람에 움직이는 모습이나 물을 끓일 때 수증기가 올라가는 모습을 형상화한 것이에요. 즉 불어오는 바람에는 어떤 힘이 들어 있는 것이죠. 북서풍을 맞으면 서늘한 한기를 느끼고, 남동풍을 맞으면 따뜻한 온기를 우리 몸은 느껴요. '기'는 이렇게 해서 우리가 느끼는 어떤 '기운'이란 의미를 갖게 됩니다. 즉 모든 것에는 힘인 '기'가 들어 있는 거예요.

동양 철학에서 '기'를 주시한 까닭은?

호흡을 통해 공기를 들이쉬면서 우리는 '기'를 얻어 살아가고 움직이고 활동을 하지요. 이렇게 보면 '기'는 생명의 원천이기도 해요. 이 생명의 원천을 가리키는 말이 바로 '원기'예요. 마찬가지로 우리가 밥을 먹고 물을 마시는 것 또한 어떤 기운을 받아들이는 거예요. 이런 방식의 생각은 여러 가지 사상으로 발전하면서 더욱 포괄적인 의미를 갖게 되었어요.

따뜻한 햇볕의 기운을 느끼는 것은 양기로 표현되고, 그늘에서는 서늘한 기운인 음기를 느끼죠. 이렇게 음양과 연관되면서 '기'는 일종의 분류나 법칙성을 갖게 돼요. 찬 바람이 부는 가을과 겨울은 음기가 성해지는 과정이고, 따뜻한 바람이 부는 봄과 여름은 양기가 강해지는 과정으로 설명되지요. 그리고 이런 음기와 양기가 서로 번갈아 가면서 계절이 바뀌는 것은 자연이 변화하는 길 혹은 법칙으로서 '도(道)'가 되는 것이에요.

그래서 '기'는 어떤 물질 같은 것과는 구분돼요. 오히려 물질 속에 들어 있는 모종의 힘 또는 생명력을 뜻하죠. 그리고 이 힘들은 어떤 작용이나 효과를 내요. 음식을 먹는다는 것은 우리가 음식 속의 기운을 얻는다는 것과 마찬가지예요. 그런데 이 힘들이 언제나 좋기만 하지는 않아요. 차가운 바람은 우리 몸을 얼게 해서 죽일 수도 있죠.

또한 흙에 있는 기운이나 물의 기운, 불의 기운 등은 성질에서도 달라요. 이렇게 다양한 기운들은 음양, 오행 등의 말들과 결합되면서 서로 간에 영향을 미치는 방식과 힘이 달라진다고 파악하기 시작했어요. 이런 다양한 힘들이 운동하는 방식은 규칙적이거나 일정한 방향을 가지는데, 이것을 옛 동양 철학자들은 '리(理)'라고 불렀어요. 즉 '기'가 움직이는 방식이 '리'인 거예요.

송(宋)나라의 철학자들은 이 '리'를 두 가지로 구분했는데, '사물이 그렇게 되어 가는 까닭'으로서 '소이연지고(所以然之故)'가 하나라면, 다른 하나는 '사물이 당연히 그렇게 해야 하는 규칙'으로 서 '소당연지칙(所當然之則)'이에요. 우리가 살기 위해 밥을 먹는 것은 '소이연지고'에 해당하지만, 배고픈 사람에게 먼저 먹게 하는 것은 '소당연지칙'에 해당하죠. 이 두 가지는 분리할 수 없는 같은 '리', 즉 이치에 속하는 것이에요.

이렇게 보면 '기'는 이 세계의 모든 사물이나 생명이 태어나고 살아갈 수 있게 하는 여러 가지 힘들을 이해하고 구분하는 활동과 관련되어 있어요. 그리고 이 '기'가 움직이는 방식인 '리'를 이해한다면 인간이 마땅히 따라야 하는 도덕적 규칙도 알 수 있는 거예요. 조선 시대의 유명한 이황과 이이 사이에 벌어진 '이기' 논쟁이나 이황과 경대승이 주고받은 '사단칠정' 논쟁 모두 이런 '기'와 '리'를 통해 세계의 변화와 인간의 마땅한 도리를 제대로 파악하려는 철학적 시도였다고 할 수 있어요.

물과 얼음은 원소 기호로는 구분되지 않아요. 다만 온도의 차이로 상태만 액체와 고체로 구분될 뿐이죠. 하지만 그 변화의 힘을 옛사람들은 힘이나 기운으로 이해했고, 기가 모일 때 생명이 싹트고 기가 흩어지면 생명은 다시 자연으로 돌아간다고 보았어요. 마치 얼음이 얼었다가 다시 녹는 것처럼요. 이와 같은 생각은 오늘날의 과학과 유사하면서도 다른 점이 있어요.

우리에게 주어진 과제는 과거 동양 철학이 이해했던 세계와 존재에 대한 생각 가운데 합리적이고 타당한 것과 그렇지 못한 것

을 가려내는 일일 거예요. 어쩌면 그 속에서 우리는 현대의 학문이
풀지 못한 문제를 풀어낼 실마리를 찾을 수도 있을 거예요.

왕이 기우제를 지낸 까닭은?

옛날에는 가뭄이 계속되면 농사를 제대로 짓지 못해 국가적으로 커다란 위기를 맞았어요. 그래서 왕은 비를 내려 달라고 하늘에 기우제를 지냈죠. 그런데 하늘에 제사를 지낸다고 비가 내릴까요? 당연히 그렇지는 않겠죠? 제사를 지내면 비가 내린다는 생각에는 오늘날의 과학적 상식과는 다른 사고방식이 있기에 가능했어요.

여러분 각자에게도 18번이라는 게 있죠? 18번은 자주 부르는 노래, 즉 애창곡을 가리키는 말이에요. 어쩌면 제일 좋아하는 노래일 수도 있죠. 각자의 18번에는 사연이 있는 경우가 많아요. 친구나 연인, 부모나 가족과의 여러 이야기들, 혹은 여행 등의 추억과 연결된 그 노래들은 우리 몸을 전율케 하고, 심금을 울리죠.

여러분은 '코스모스'와 '카오스'라는 말을 들어 보았을 거예요. 둘 다 세계 혹은 우주를 가리키는 말인데 '카오스'가 무질서나 혼돈을 뜻하는 말이라면, '코스모스'는 일정한 조화와 비율이 있는 세계, 즉 질서 있는 세계를 뜻하는 말이에요. 현대 과학이 연구하는 세계도 당연히 코스모스에 해당하겠죠. 이 우주는 수학적 원리를 통해 이해할 수 있는 세계이니까요.

하지만 코스모스를 이해하는 방식은 여러 가지가 있을 수 있어요. 우리가 어떤 음악이나 노래를 들으면 가슴이 뛴다거나, 온몸의 감각이 되살아나며 어떤 사람이나 일을 떠올리게 될 때가 있죠? 도대체 이런 현상은 왜 일어나는 것일까요? 동양 철학에서는 이 현상을 '감응'이라고 불렀어요. 그리고 이 개념은 세계를 이해하는 가장 중요한 방식으로, 과학 사학자 조지프 니덤은 감응 관계를 통해 세계를 이해하는 방식을 '상관적 사유'라고 불렀어요.

세계는 어떻게 운행하는가?

예를 하나 들어 볼까요? 중국 한(漢)나라 때의 고전인 『회남자』에서는 이렇게 말하고 있어요. "사람의 머리가 둥근 것은 하늘을 본뜬 것이요, 발이 네모난 것은 땅을 본뜬 것이다. 하늘에 사계절, 오행, 중앙을 비롯한 8개의 방위와 366일이 있듯이 사람에게는 사지와 오장, 아홉 구멍, 366개의 관절이 있다." 이 말은 우리가 사는 세계 전체인 대우주와 인간의 몸이라는 소우주가 서로 같은 구조를 가지며, 상호 영향을 주고받는다는 생각을 반영하고 있어요.

이런 생각은 정치의 차원에서도 적용돼요. 즉 코스모스의 영역인 하늘과, 왕과 관료로 표현되는 인간의 영역인 국가가 서로 감응한다는 생각이에요. 그래서 『백호통의』에서는 "하늘에 태양, 달, 별이 있듯이 사람에게는 군주, 스승, 아버지라는 명예로운 지위가 있다."고 했어요. 이런 생각은 국가의 통치 체계에 권위를 부여하는 중요한 역할을 했어요. 기우제를 왕이나 신하가 지내는 이유는 여기에서 비롯돼요. 즉 왕이나 관리들은 우주가 운행하는 질서에 영향을 미칠 수 있다는 뜻이죠.

이보다 더 중요한 것이 '음양오행'이에요. 음(陰)은 햇볕이 들지 않는 그늘이고, 양(陽)은 햇볕이 드는 따뜻한 곳이에요. 크게 보면 햇볕이 따뜻한 봄과 여름은 양의 기운이 활발해서 생명이 생장하지만, 가을과 겨울은 음의 기운이 커져서 생명이 움츠러들고 활동을 멈추죠. 이렇게 사계절의 변화는 음과 양의 기운이 서로 반복되는 것을 통해서 설명했어요. 아주 경험적이고 상식적이죠?

다른 한편 이 세계를 구성하는 중요한 기능적 성질인 오행도 있는데, 물(水), 불(火), 나무(木), 금속(金), 흙(土)의 다섯 가지는 사물의 변화를 설명하는 두 가지 원리로 작동해요. 나무를 태우면 불이 일어나듯 이들은 서로를 생성시키는 상생의 작용을 하기도 하고, 불은 물로 꺼지듯이 서로를 정복하는 상극의 작용을 하기도 해요. 게다가 인간의 몸을 구성하는 오장인 간, 심장, 비장, 폐, 신장 또한 오행과 서로 상응하면서 수많은 사물과 감응하죠.

한의학은 바로 이런 원리를 바탕으로 이루어진 의학 체계예요. 모든 사물은 음과 양, 오행에 해당하는 성질을 갖는데, 이러한 관계는 사람의 규범을 낳는 기준이 되기도 해요. 봄은 양의 기운이 생장하는 계절이고 간에 해당돼요. 따라서 범죄자라도 사람을 벌주고 처벌하는 일은 하지 말아야 하고, 살리고 도와주는 일만 해야 하죠. 그렇게 하는 까닭은 봄에 양의 기운이 융성하는 것에 감응해서 행동해야 한다는 거예요. 이를 어기면 간이 손상된다고 해요.

사실 이런 식의 사고방식은 다른 고대 문명의 세계에도 있었지만, 동양 전통의 독특함은 『주역』과 같은 사상을 통해 보다 체계화하고, 경험적인 지식들을 통합해서 다양한 이론을 만들고, 이를 현실에 적용했다는 데에 있어요. 물론 그 속에는 오늘날의 시각에서 볼 때 비과학적인 생각들도 많아요. 이에 대해서는 옛 학자들도 많이 비판하곤 했어요. 하지만 그 속에는 인간의 구체적인 경험들이 녹아 있어 지금도 의미 있는 내용들이 있다는 점은 기억해야 해요.

그러니까 기우제를 지낸 까닭은 이렇게 설명될 수 있어요. 왕이나 관리로 대표되는 인간의 어떤 행위는 자연에 영향을 미치고, 자연의 변화를 이끌어 낼 수 있다는 것이죠. 사실 생태계 파괴, 기후 위기와 같은 오늘날의 현실에서 보면 이 생각은 비과학적인 것이 아니라 다시 생각해 보아야 하는 사고방식이기도 해요.

6장

옛날의 지혜가 오늘에도 통할까?

쟁점들

35

공자가
죽어야
나라가 산다고?

여러분은 '동도서기'란 말을 들어 보았나요? 19세기 말에서 20세기 초에 한국의 유학자들이 "한국의 고유한 유교 전통을 계승하면서 서양의 근대적인 기술을 받아들여서 활용하자."라고 한 말이에요. 그런데 이런 생각은 단지 그때의 생각에 지나지 않는 것일까요? 21세기를 살아가는 여러분은 이 문제에 대해 어떻게 생각하세요?

1999년 한국에서 엄청난 반향을 일으킨 책, 『공자가 죽어야 나라가 산다』가 출판되었어요. 공자의 유교로 인해 생겨난 수많은 악습과 폐습, 썩어 빠진 정치 행태, 가부장적인 문화가 한국 사회의 발전을 가로막는 장애물이라고 꼬집었죠. 이 책이 수십만 부가 팔리고, 엄청난 대중적 인기를 누리게 되자 유림에서는 이 책에 대한 '판매 금지 가처분 신청' 같은 법률적 소송까지 벌이기도 했어요. 하지만 안타깝게도 학문적인 토론으로 이어지지는 못했죠.

사실 1920년대에 이미 중국과 한국에서 유교에 대한 갖가지 비판이 일어났어요. 특히 현대 중국의 문인 루쉰은 『광인 일기』와 같은 소설을 통해 유교의 구습을 비판하면서 "사람을 잡아먹는 종교"라고 비꼬기도 했어요. 특히 군주에 대한 충성과 부모에 대한 무조건적인 복종을 뜻하는 '효'는 개인의 자율성과 창의성을 억압하는 봉건적 악습이라고 비판했죠. 그 이후 유교는 역사의 뒤안길로 사라져 가는 듯했어요.

그런데 1970년대 홍콩, 싱가포르, 대만 그리고 한국이 경제적으로 놀라운 성취를 보여 주었어요. 그러자 이들 나라의 유교가 자본주의와 산업 발전의 토대가 되었다는 주장이 제기되었고, 유교를 긍정적으로 보려는 시각이 등장했죠. 한국에서도 1970~80년대를 거치며, 눈부시게 발전하는 경제에 어울리는 민족적, 국가적 자부심을 표현하기 시작하면서 전통 특히 '유학'에 관심을 기울이기 시작했어요.

일반에게 잘 알려져 있지는 않지만 주목할 만한 논쟁이 1980년대 중국에서 일어났어요. 이 커다란 논쟁을 '문화열(文化熱)'이라 하는데, 핵심적인 논쟁의 주제는 과거의 사상적 전통 특히 유교를 계승할 것인가 말 것인가를 둘러싼 것이었어요. 이 논쟁이 중요했던 것은, 1960~70년대 중국에서 공자상(孔子像)을 무너뜨리면서 전통 유교를 철저히 파괴하려는 정치 운동인 '문화 대혁명'이 일어난 지 얼마 되지 않았기 때문이에요.

이 논쟁의 과정에서 네 가지 입장이 등장했어요. '철저 재건론'은 중국의 과거 역사가 매우 정체되고 낙후된 원인이 유교에 있는데, 그 상대적 가치는 인정하지만 과학적 이성이 주도하는 현대 사회에는 부적합하다는 입장이에요. '서체 중용론'은 현대 사회는 과학 기술에 입각한 산업 사회이며, 이를 위해서는 사회 전반을 서구화하되 창조적으로 발전시켜야 한다고 주장했어요. 이 두 입장은 비교적 전통에 대해 비판적이에요.

그런데 1920년대부터 일어난 '유학 부흥론'은 공자의 고대 유학, 송명(宋明)의 신유학을 현대적으로 변화시켰다는 점에서 '현대 신유학'이라고도 불리는 입장이에요. 이들은 두 차례에 걸친 세계 대전을 보면서 서양 문명의 한계를 지적하고 이를 전통 유학의 부흥을 통해 극복하자고 주장했어요. 그리고 전통 가운데 좋은 것은 계승하고, 나쁜 것은 비판하자는 '비판 계승론'이라는 입장도 등장했죠.

21세기에 접어들면서 전통에 대한 생각은 근본적으로 달라지고 있어요. 예컨대 1990년대까지는 전통 유학에 대해 비판적으로 바라보는 경우가 더 많았어요. 그러나 2000년대에 들어서면서 중국이 눈부신 경제 성장을 이루고, 전 세계에 영향력을 확대하게 되면서 중국의 유학은 새로운 대안적 모델이 될 수 있다는 긍정적 시각까지 등장했어요. 이것은 미국 중심의 '자유주의 모델'이 아닌 '중국 모델'이라 불리기도 해요.

세계가 주목하는 한국 모델

하지만 2020년 코로나19라는 감염병이 세계적으로 유행하는 끔찍한 사태에 직면하면서 상황은 새롭게 바뀌어 가고 있어요. 미국과 유럽은 체계적인 방역에 실패하였던 데에 반해, 한국과 중국은 초창기에 실패하는 듯하였으나 결국 세계적인 모델로 떠올랐어요. 하지만 봉쇄와 통제, 감시를 통해 감염을 통제하려 했던 중국 모델에 비해, 일상의 삶과 국제적인 교류와 이동을 유지하면서 체계적인 방역 시스템과 시민의 자발적인 참여, 투명한 정보의 공개를 통해 방역에 성공한 한국 모델이 더 많은 나라의 주목을 받고 있어요.

어쩌면 2020년에 일어난 한국의 상황을 보면 지난 100년 동안 지속된 "서양을 배워야 한다."는 서구화에서 벗어나 스스로 만든 모델이 세계적으로 수용되는 새로운 시대에 접어들었다고 할 수 있어요. 그러한 새로운 모델은 단지 서구로부터 수입된 것만이 아니라 고유한 문화 전통과 융합된 한국의 문화를 반영한다고 보는 학자들도 등장하고 있죠. 이 전통을 '유교'라 부르는 사람들도 있고요.

어쩌면 나라가 망하고 전통이 사라져 가는 19세기 유학자들이 꿈꾸었던 '동도서기'의 처방은 지금 우리가 살아가는 21세기 현실에서 실현되고 있는 것은 아닐까요? 물론 전통적 요소가 얼마만큼이나 작용했는지, 그것이 유학이나 어떤 다른 전통인지는 더 많은 연구와 토론이 필요할 거예요. 그럼에도 분명한 것은 이제 서양에서 배워야 한다는 생각이 아니라 우리 스스로 길을 개척해야 하며, 그것이 곧 세계의 모범이 될 수도 있다는 것이에요. 전통에 대한 우리의 태도는 여기에서 출발해야 하지 않을까요?

36

현대 사회에서
효는
가능할까?

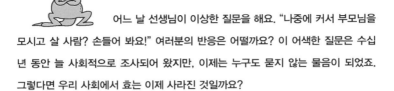

어느 날 선생님이 이상한 질문을 해요. "나중에 커서 부모님을 모시고 살 사람? 손들어 봐요!" 여러분의 반응은 어떨까요? 이 어색한 질문은 수십 년 동안 늘 사회적으로 조사되어 왔지만, 이제는 누구도 묻지 않는 물음이 되었죠. 그렇다면 우리 사회에서 효는 이제 사라진 것일까요?

어느 날 공자의 제자 재여가 공자에게 질문을 던져요. "선생님, 부모님이 돌아가시면 삼년상을 치르라고 하시는데 너무 길지 않은가요? 사계절은 일 년을 단위로 바뀌는데, 자연의 법칙이 이러하니 부모님에 대한 상도 일년상이 맞는 것 아닐까요?" 그러자 공자는 이렇게 대답해요. "너는 부모님이 돌아가셨는데 좋은 옷 입고, 맛난 것 먹고, 놀러 다니고 하면 즐거우냐? 부모로부터 태어나 그 품을 떠나는 데 3년이 걸리니 부모와 헤어질 때도 그만큼의 시간이 걸리는 게 맞지 않을까?" 『논어』에 등장하는 유명한 대화예요.

조선 시대의 선비들은 누구나 할 것 없이 이 삼년상을 치렀답니다. 만약 그렇게 하지 않으면 사회적으로 커다란 비난을 받았어요. 그런데 요즘은 세상이 바뀌었죠. 아마 누군가 삼년상을 치른다고 하면, 언론에 크게 보도가 될 거예요. 하지만 얼마 지나지 않아 다시 언론에 보도가 되지 않을까요? 직장에서 쫓겨나는 것은 물론 이혼까지 감수해야 할 테니까요.

조선 시대의 유학자들은 효심이 깊어서 그랬고 현대인들은 옛날만큼 부모에 대한 사랑과 존경의 감정이 없어서 이런 걸까요? 당연히 아닐 거예요. 왜냐하면 조선 시대에도 누구나 삼년상을 치렀던 것은 아니기 때문이에요. 양반의 경우 토지와 노비를 소유하고 있었기에 3년이나 부모님 묘소 근처에 움막을 짓고 시묘살이를 하는 것이 가능했어요. 하지만 경제적으로 빈궁한 양반은 아내와 자식들이 엄청난 고통을 겪어야 했죠.

20세기 초 한국에서는 물론 중국에서 전통 유교를 비판할 때 가장 목소리를 높였던 것이 바로 '효'예요. 효는 부모에 대한 자식의 사랑과 존경의 표현이라 생각하지만, 전통적인 가부장권을 옹호하는 가치이기도 했으니까요. 자식은 부모의 명령에 절대 복종해야 했고, 가계를 위해 자식을 사고팔기도 했거든요. 가족의 생계에 대해 전혀 책임은 지지 않으면서 체면을 위해 가족을 희생시키기도 했던 가부장제의 잘못된 점은 유교가 비판받는 주된 이유이기도 했어요.

20세기 후반 산업 사회가 도래하고 핵가족이 정착되면서 효는 점점 더 비현실적인 가치로 생각되는 것 같아요. 그럼에도 1980년대까지만 해도 노년이 된 부모를 모시고 살겠다고 답하는 사람이 60퍼센트를 넘겼으나, 2000년대가 되면서 점점 떨어져 이제는 10퍼센트를 넘지 않는다고 해요. 부모에 대한 부양을 강조하는 효는 핵가족의 보편화, 1인 가구의 증가와 더불어 점점 쇠퇴해 가는 것 같아요.

효의 진정한 의미는?

그럼에도 '효'에 대해 새롭게 이해해야 할 점들이 남아 있어요. 과연 공자나 유학자들이 강조했던 효가 단지 삼년상이나 노년이 된 부모의 부양만을 강조하는 것이었을까요? 공자가 효를 말하면서 가장 강조했던 것은 부모와 자식 사이의 따뜻한 감정의 교류였어요. 부모가 자식에게 베푸는 보살핌과 사랑이 자연스럽게 자식의 부모에 대한 존경으로 이어졌어요. 삼년상은 이런 마음의 표현인 것이죠.

한 걸음 더 나아간 맹자가 말하는 효는 그 시대의 왕에게 강조했던 가치였어요. 유학자들이 각각의 개인에게 효를 행할 것을 설득하고 다닌 것이 아니라 국가의 정책을 시행하는 왕에게 했던 요구라는 것을 살펴야 해요. 즉 모든 자식들이 제 부모를 잘 부양할 수 있는 경제적 조건을 왕과 국가가 마련해 주어야 한다는 것이 맹자가 말하는 효였어요.

"노인들이 고깃국을 먹고 따뜻한 비단옷을 입을 수 있는 세상"을 만드는 것이 맹자가 말하는 효의 목적이었죠. 어쩌면 체계적인 사회 안전망이 없던 시기에 노년층을 위한 사회 복지를 말한 것과 다름없어요. 효는 개인의 의무이기도 했지만 국가와 사회의 책임이기도 했던 거예요. 그것이 유학자들이 말하는 효의 진정한 의미였어요. 이것은 지금도 여전히 중요한 가치를 갖고 있어요.

　비정규직이라는 불안한 일자리와 저임금으로 생활하는 도시인이 부모를 부양한다는 것은 경제적으로 쉽지 않은 일이에요. 친자식이 직접 부양하지 않더라도 사회가 복지와 안전망을 통해 최소한의 인간적 삶이 가능하도록 받쳐 준다면, 그것은 개개인이 짊어지는 효가 아니라 사회와 국가 그리고 기업이 책임지는 효라고 할 수 있지 않을까요? 더욱이 고령층 인구가 급팽창하는 오늘날 효를 이렇게 이해하는 것은 매우 중요한 의미를 가집니다.

옛날 중국의 어느 작은 나라의 군주 섭공이 공자를 만나 자랑했어요. "우리나라에 충직한 젊은이가 있는데, 아버지가 도둑질을 하자 관가에 고발했습니다." 이 말을 들은 공자는 이상하다며 이렇게 말했어요. "우리나라에선 자식은 아버지를 숨겨 주고 아버지는 자식을 숨겨 줍니다. 솔직함은 그 속에 있지요." 여러분이 그 자리에 함께 있었다면 뭐라고 말하고 싶나요?

조선 시대의 사육신 이야기를 들어 보았죠? 세종의 뒤를 이어 문종이 왕위에 올랐으나 건강이 좋지 않아 일찍 죽고 어린 단종이 왕이 되었어요. 그런데 잘 알려져 있듯이 그의 삼촌이었던 수양 대군이 왕위를 빼앗았죠. 이때 왕위에 오른 수양 대군, 즉 세조를 지지하지 않던 수많은 신하들이 형장의 이슬로 사라졌어요. 그중 가장 유명한 신하들을 사육신이라 불렀어요.

사육신 중 한 사람인 성삼문은 '절필'이란 시를 남겼는데, 한번 읽어 볼까요? "임금이 내린 밥 먹고 임금이 내린 옷을 입으니, 한평생 충직한 뜻 어기지 않았네. 이 한 목숨 죽더라도 충의는 남으리니, 가신 임금 무덤의 소나무 잣나무 꿈속에서라도 그립구나." 자신이 모시던 군주에 대한 충성심은 자기 생명을 바칠 정도로 대단했던 모양이에요. 이런 성삼문의 충의는 군주에 대한 충성이었어요.

조선 중기를 거치면서 유학자들의 충성에 대한 이해는 전혀 다르게 나타나요. 고대 중국에서 충성스러운 삶의 상징으로 여긴 백이와 숙제를 비꼬며 군주에 대한 충성이라는 의미를 비판하거나 부정하는 논의들이 부쩍 늘어납니다. 즉 충성의 본래 뜻은 자신의 본분을 다한다는 뜻으로 스스로 충실하고 성실하게 삶을 사는 것이지, 군주에 대한 헌신의 의미는 아니라는 거예요.

충은 양심에 따라 충실하게 사는 것

예컨대 임진왜란 때 맹활약한 유학자 조식은, 백이와 숙제가 위대한 까닭은 의로운 길을 선택하여 '대의'를 지켰기 때문이라고 설명해요. 또 실학자 이익은 백이와 숙제가 군주에 대한 의리를 지키느라 굶어 죽은 것은 어리석은 일이라 비판했어요. 조선 후기 유학자 박지원은 그가 남긴 『열하일기』에서 백이와 숙제를 모신 사당에 가 보니 역대 중국의 황제들이 하사한 글씨들만 넘쳐 났다며 비꼬기도 했어요.

최근 중국의 학자들은 섭공과 공자의 대화를 놓고서 아버지에 대한 효와 사회 정의가 서로 양립할 수 없음을 보여 준다며 활발한 토론을 벌였어요. 그런데 잘 살펴보면 이는 오해에 지나지 않아요. 섭공이 생각하는 '충직함'은 군주에 대한 충성이었다면, 공자는 전혀 다른 이야기를 하고 있어요. 여기서 섭공과 공자가 대화하는 쟁점은 '직(直)'이에요.

'직'은 "마음에 꾸미거나 속임이 없이 바르다."는 뜻인데, 섭공은 이를 군주에게 꾸미거나 속이지 않는다는 뜻으로 이해하였기에 '충직' 즉 충성으로 보았어요. 이와 달리 공자는 우리 마음속에서 자연스럽게 우러나오는 감정을 그대로 꾸미거나 속이지 않는다는 뜻으로 보았던 거죠. 아버지가 잘못했더라도 자식은 안타까워하며 차마 고발하거나 신고하기 쉽지 않은 마음이 우러나온다는 뜻이에요. 그러니까 솔직한 것이죠.

송(宋)나라 때의 유학자 주희는 공자의 이 말에 대해 '천리(天理)와 인정(人情)의 지극함'이라 풀이했어요. 즉 '인정'이란 사람이라면 누구나 타고나는 마음이고, '천리'란 본성적으로 부여되어 있는 어떤 성향이라는 뜻이에요. 바로 이것이 기준이 되어야 한다는 거죠. 그래서 고대 중국에서는 자식이 아버지를 고발하는 것은 금지되어 있었고, 현대 사회에서도 부모 자식 사이에는 범죄를 고발하지 않아도 처벌하지 않는다는 예외를 두고 있어요.

사실 현대 사회에서 크게 문제가 되는 것은 이른바 조직에 대한 충성, 특정 사람에 대한 충성이에요. 독일 나치 정권에 충성했던 아돌프 아이히만은 나치의 명령에 따라 수백만의 유태인을 학살하는 계획을 수립하고 실행에 옮겼어요. 그는 오로지 나치라는 조직의 명령에만 충실했을 뿐 인간적 의무나 사람으로서의 도리는 철저하게 무시했던 것이죠. 즉, 그는 히틀러에게만 충성했던 것이에요.

조식이 말하는 '대의'나 주희가 말하는 '천리'는 서양의 사상으로 보면 자연법과 유사하다고 볼 수 있어요. 보다 쉬운 예를 든다면 누구나 갖고 있는 인간적 양심을 뜻하기도 해요. 즉 공자나 주희가 말한 취지는 양심과 본성에 따르며 이에 충실하게 살아가는 것을 뜻할 뿐이에요. 사회 정의란 사실 이런 삶이 지켜질 수 있는 조건을 뜻하는 것이 아닐까요? 적어도 유학자들이 생각했던 세계는 바로 그런 세계라 할 수 있어요.

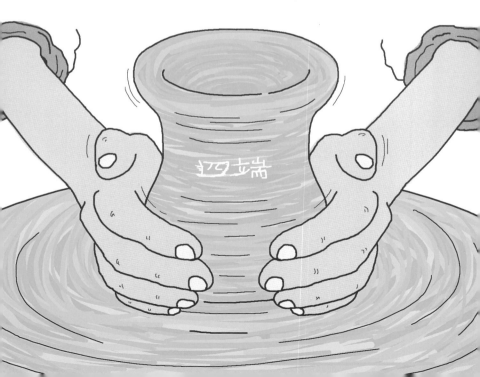

38

인격도
성형할 수
있을까?

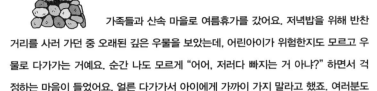

가족들과 산속 마을로 여름휴가를 갔어요. 저녁밥을 위해 반찬 거리를 사러 가던 중 오래된 깊은 우물을 보았는데, 어린아이가 위험한지도 모르고 우물로 다가가는 거예요. 순간 나도 모르게 "어, 저러다 빠지는 거 아냐?" 하면서 걱정하는 마음이 들었어요. 얼른 다가가서 아이에게 가까이 가지 말라고 했죠. 여러분도 이런 상황이라면 똑같이 행동하지 않았을까요?

2007년 1월 2일 미국 뉴욕의 맨해튼 지하철 승강장에서 끔찍한 일이 일어났어요. 영화를 공부하던 스무 살의 캐머런 홀로피터가 갑작스러운 경련을 일으키며 지하철 선로 위로 떨어졌어요. 선로에는 이미 달려오던 전동차의 전조등이 비치던 숨 가쁜 상황이었어요. 그런데 놀라운 일이 벌어졌어요. 건축 노동자 웨슬리 오트리가 어린 두 딸을 뒤로 한 채 곧바로 선로에 뛰어든 거예요.

전동차의 기관사는 최대한 제동 장치를 작동해서 멈추려 했지만, 전동차는 끼~익 소리를 내며 두 사람 위를 지나서야 겨우 멈출 수 있었어요. 순식간에 승강장은 아수라장이 되었어요. 이윽고 전동차 아래쪽에서 외치는 소리가 들렸어요. "우리는 괜찮아요! 제 두 딸에게 아빠가 괜찮다고 전해 주세요." 오트리의 목소리였죠.

오트리는 전동차가 지나기 직전 홀로피터를 다리 하나 깊이의 홈으로 밀어 넣고 자신의 몸으로 감싸서 아슬아슬하게 전동차에 깔리는 것을 피했던 거예요. 사고가 있고 나서 수많은 기자들은 오트리의 영웅적 행동을 찬양하는 기사를 쏟아 냈어요. 그런데 정작 오트리는 기자의 물음에 이렇게 답변했다고 해요. "내가 한 일은 대단한 게 아니에요. 난 단지 도움이 필요한 사람을 보았을 뿐이에요."

오트리의 말은 매우 놀라워요. 단지 "도움이 필요한 사람을 보았을 뿐"이라는 말 속에는, 그가 스스로 영웅이라 생각하지도 않고 그저 평범한 일을 했다고 믿는다는 의미가 담겨 있어요. 전동차가 달려오는 상황에서 누가 선로에 빠진 것을 보면 누구나 놀라고 걱정하는 것은 당연한 일이죠. 하지만 그렇다고 그 상황에서 모두가 다 오트리처럼 행동하지는 못할 거예요. 그럼 오트리에게 무언가 다른 게 있는 것 아닐까요?

맹자는 우물이 위험하지 모르고 다가가는 아이를 보고 걱정하는 마음이 드는 것을, 인간이라면 누구나 타고난 네 가지 본성의 하나인 '측은지심'을 통해서 설명해요. 앞에서 '측은지심'과 '사양지심', '수오지심', '시비지심'을 "인간다운 마음의 네 가지 싹" 즉 사단(四端)이라 부른다고 한 것을 기억하죠? 유학자들이 말하는 수신, 즉 자기 수양은 이 마음의 싹을 잘 자라게 하는 노력이에요.

아름다운 정원에 가 보면 갖가지 나무와 풀이 멋지게 자라나 있죠. 그런데 종종 종류가 같은 나무인데도 어떤 것은 가지와 잎이 무성하고 우람한 반면, 어떤 것은 작고 시들한 것을 보았을 거예요. 왜 그럴까요? 그것은 아마도 따뜻한 햇볕과 물을 얼마만큼 공급받았느냐에 따라 달라진 것 아닐까요? 어떤 곳에서 어떻게 성장했는가에 따라 나무와 풀은 무럭무럭 자라기도 하고, 시들시들하게 성장하기도 해요.

오트리에게 있었던 '호연지기'

맹자는 사람의 '사단'도 이와 마찬가지라고 보았어요. 어려운 처지에 있는 사람에게 공감하는 것은 타고난 것이에요. 하지만 환경이 척박하면 그런 마음은 시들시들해지기 마련이죠. 그래서 맹자는 두 가지를 이야기해요. 하나는 좋은 사회가 좋은 사람으로 성장시킨다고 보았어요. 가정, 지역 공동체 그리고 사회가 좋은 환경을 제공해야 한다는 거예요.

더불어 어떤 상황에서든 "인간다운 마음의 네 가지 싹"이 잘 성장하려면 모종의 용기가 필요하다고 보았어요. 맹자는 그것을 '호연지기', 즉 도덕적 용기라 불렀어요. 오트리는 전동차가 달려오는 위험한 상황임을 알고 있었음에도 불구하고 선로에 뛰어드는 용기를 발휘한 것이에요. 물론 그 용기의 출발은 '측은지심'이었겠죠. 용기란 상황을 뛰어넘는 힘을 뜻해요.

맹자는 '사단'의 마음을 가지고 있으면 사람이지만, '사단'의 마음이 없다면 겉모습이 사람이라 해도 사람이 아니라고 했어요. '사단'은 곧 '인격'의 출발인 것이죠. 하지만 사단을 갖고 태어났다는 것만으로 충분히 사람이 되는 것은 아니에요. 그 마음이 움직이는 대로 행동하는 사람이라야 진짜 사람이 되는 거예요. 이렇게 사람이 되는 것은 타고 나면서 동시에 노력을 통해 만들어지는 것이에요.

그렇다면 인격도 성형이 되지 않을까요? '성형'이 우리가 바라는 외모를 만들고자 하는 노력이라면, 그것은 얼굴에만 해당하는 것은 아닐 거예요. 우리의 마음, 우리의 인격이란 것도 바람직한 모습으로 만드는 과정인 것이죠. 이렇게 보면 유학자들이 말하는 '자기 수양'이란 것은 아름다운 인격을 만들기 위한 성형이라 해도 괜찮지 않을까요? 여러분도 한번 인격을 성형해 보세요.

39

약속만 잘 지키면 되는 걸까?

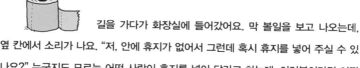 길을 가다가 화장실에 들어갔어요. 막 볼일을 보고 나오는데, 옆 칸에서 소리가 나요. "저, 안에 휴지가 없어서 그런데 혹시 휴지를 넣어 주실 수 있나요?" 누군지도 모르는 어떤 사람이 휴지를 넣어 달라고 하는데, 여러분이라면 어떻게 하겠어요? 아마 친절하게 휴지를 넣어 주지 않을까요? 이런 행동에는 어떤 의미가 있는 걸까요?

외국의 한 방송사에서 재미난 실험을 했어요. 한국인의 양심적 행동을 확인하고자 100개의 선물 가방에 꽃과 선물 그리고 GPS 추적 장치를 넣어 100대의 지하철 한구석에 놓아두었던 거예요. 하루 종일 놓아둔 100개의 선물 가방은 실험이 끝난 저녁에 겨우 6개만 남아 있어, 취재진은 무척이나 실망했다고 해요. 승객들이 94개를 몰래 가져가 버렸다고 생각해서였어요.

그런데 다음 날 취재진은 이상한 점을 발견해요. 왜냐하면 사라진 선물 가방의 GPS 신호가 서울의 어느 한 지역에 몰려 있었던 거예요. 확인 차 해당 장소로 가 본 취재진은 놀라운 상황에 마주쳤어요. 왜냐하면 그곳은 통합 유실물 센터였고, 사라진 94개 가운데 무려 81개가 그곳에 보관되어 있었던 거예요. 결국 100개 가운데 87개의 선물 가방이 다시 회수되었던 것이죠.

산업화되고 도시화된 현대 사회에서 강조되는 윤리는 주로 '의무의 윤리'에 해당돼요. 이해관계로 복잡하게 얽힌 타인들과 함께 살아가야 하는 현대의 도시적 삶은, 최소한의 규칙을 준수할 것을 요구하는 '최소주의 윤리'를 추구할 수밖에 없다고 말해요. 쉽게 말해 최소한의 약속과 규칙을 잘 지킨다면, 나머지는 자율에 맡기는 것이 효과적이라는 생각이에요. 즉 최소한의 규칙인 법을 준수한다면 괜찮다는 것이죠.

최소한의 약속 혹은 규칙을 세우기 위해서는 인간의 행위를 중심으로 생각할 수밖에 없어요. 도덕 철학자들은 인간의 행위를 세 가지 항목으로 나누었어요. 하나는 우리에게 요구되거나 반드시 해야만 하는 행위로서 도덕적 의무와 관련되고, 다른 하나는 우리에게 금지되어 있거나 해서는 안 되는 행위로서 도덕적 금지와 관련되고, 마지막은 의무나 금지와 무관한 행위예요.

덕을 이룬 사람

그런데 문제는, 이 세 가지 행위만으로는 우리가 살아가는 현실의 상황을 포괄하기에 충분치 않다는 데에 있어요. 예컨대 동료들을 구하기 위해 자신의 생명을 희생한 용감한 병사의 행위는 단지 어떤 요구나 의무를 넘어서는 일이에요. 그것은 숭고하고 위대한 행위이기에 도덕적으로 권장될 수는 있지만 강요하거나 요구할 수 없죠.

또 다른 경우도 있어요. 바쁘게 길을 가는데 어떤 사람이 길을 물었어요. 우리는 바쁘기 때문에 그냥 지나칠 수도 있고, 길을 알려 줄 수도 있어요. 누구나 친절하게 알려 주는 것이 좋고 바람직하다고 생각은 하지만, 그것이 도덕적으로 반드시 해야 하는 의무나 요구는 물론 아니에요. 이렇게 도덕적 의무나 금지도 아니고, 도덕과 전혀 무관한 것도 아닌 수많은 상황이 있을 수 있어요.

외국의 한 방송사가 했던 실험도 마찬가지예요. 지하철에 놓인 선물 가방을 가져가는 것은 분명 바람직하지 않아요. 그렇다고 그 선물 가방의 주인을 찾아주기 위해 시간을 들여 노력해야 한다는 의무를 부과하거나 규칙을 정할 수도 없죠. 하지만 분명한 것은 남이 잃어버린 물건을 가져가지 않거나 주인을 찾아 주기 위해 노력하는 사람들이 많은 사회는 분명 좋은 사회일 거예요.

전통 유교에서 강조하는 '군자'란 앞에서 말한 훌륭한 행동을 잘하는 성향 혹은 인격을 지닌 사람으로서 '덕을 이룬 사람'이란 뜻이에요. 이와 같이 사람들이 덕 있는 성품과 인격을 갖게 하여, 보다 바람직한 사람들로 구성된 사회를 추구하는 것을 서양 철학자들은 '덕의 윤리'라고 불렀어요. 전통 유교 또한 덕의 윤리에 해당된다고 할 수 있어요.

우리는 단지 약속이나 규칙을 지키는 것만으로 충분하지 않고, 보다 바람직한 인격이나 도덕적 삶이 있다고 믿는 그런 사람들이 많은 사회에 살고 있는 것 같아요. 이러한 우리 사회의 분위기는 여러 가지로 설명될 수 있지만, 전통 유교의 사상이 우리 사회와 개인의 삶에서 여전히 의미를 갖고 있다는 것을 보여 줘요.

40

유교와 민주주의는 만날 수 있을까?

여러분이 중국에서 태어나 19세기 말 신식 학교에 들어갔다고 가정해 봐요. 학교에서 나눠 준 교과서를 보니 어려운 한자로 된 '떠모커리시(德模克泣西)'라는 단어가 나오네요. 무슨 말일까요? 이 말은 영어 '데모크라시(democracy)'란 말을 번역한 거예요. '민주주의'라고 번역한 것은 나중의 일이죠. 유교 문화를 근본으로 했던 사람들에게 민주주의가 생소했다면 과연 그 둘은 어떻게 만날 수 있을까요?

1994년 미국 잡지 〈포린어페어〉에 '문화는 숙명이다'라는 제목의 글이 실렸어요. 이 유명한 글의 저자는 40년간이나 싱가포르를 이끌었던 리콴유 총리였어요. 그는 이 글에서 미국 주도의 서구적 민주주의의 대안을 찾아야만 아시아 세계의 발전이 가능하다고 주장했어요. 이에 대해 한국의 정치인 김대중이 '문화는 숙명인가?'라는 제목의 글을 기고하며 커다란 논쟁이 일어났는데, 이 논쟁은 '아시아적 가치 논쟁'이라 불러요.

이 논쟁이 일어나게 된 배경은 1970년대로까지 거슬러 올라가요. 앞에서도 얘기했지만 한국, 싱가포르, 홍콩, 대만은 '아시아의 네 마리 용'으로 불리며 엄청난 경제적 발전을 이룩했어요. 유럽의 경제학자들은 서구와 다른 문화 전통을 가진 아시아에서, 어떻게 산업화에 성공하며 자본주의가 발전하게 되었는지를 설명하려고 다양한 연구를 했어요. 그중에 어느 정도 설득력 있었던 이론이 '유교 자본주의' 이론이에요.

독일의 유명한 사회학자 막스 베버가 서구 유럽에서 자본주의가 발전할 수 있었던 까닭을 '기독교'에서 찾았던 것처럼, 성실과 근면을 강조하고 공동체를 중시하는 유교 전통이 아시아에서 한국이나 싱가포르 같은 신흥 산업국이 등장할 수 있는 배경이 되었다는 것이 유교 자본주의론의 주된 내용이에요. 하지만 유교의 가치를 긍정하면서도 많은 학자들은 한국의 박정희, 싱가포르의 리콴유 등에서 보듯, 유교는 대단히 권위주의적이라고 비판했어요. 즉 인권이나 민주주의와는 거리가 있다는 거예요.

권위주의는 안 돼!

이런 상황에서 리콴유는 인간의 도덕성과 가족을 중시하는 유교 문화를 강조하면서, 서구식 민주주의와 다른 대안이 가능할 수 있음을 주장했던 거예요. 즉 서구의 민주주의 또한 완벽하지 않으며, 각 나라는 문화 전통이 다르기에 그에 맞는 독자적인 민주주의를 발전시킬 필요가 있다는 것이죠. 그러나 김대중은 이에 대해 반박하며, 민주주의의 최대 장점은 인권을 보장하는 데에 있고, 이러한 민주주의의 실현을 위해 유교가 도움이 된다고 보았던 거예요.

리콴유와 김대중의 입장을 정확하게 대비시키는 것은 복잡하지만, 아주 쉬운 예로 든다면 '민본주의'와 '민주주의'라는 말로 설명할 수 있을 듯해요. 이 둘은 모두 서양의 'democracy'라는 말의 번역어로 만들어진 말이에요. 하지만 그 의미는 많이 달라요. 민주주의가 국민이 주인이며 자치를 강조한다면, 민본주의는 국가가 국민을 위해 최선의 정책을 시행하면 된다는 것이에요. 즉 리콴유 자신처럼 국민을 위해 최선을 다한다면, 40년 넘게 장기 집권을 해도 아무런 문제가 없다는 것이죠.

이와 달리 김대중은 민주주의의 가장 중요한 목표는 국제 연합이 선포한 '세계 인권 선언'을 충실히 따르는 것이며, 아시아의 권위주의적 지도자와 그 지지자들은 민주주의의 장애물이라 주장했어요. 이런 점에서 김대중은 리콴유와 반대되는 입장을 가졌던 거예요. 아마도 그가 오랫동안 민주화 운동을 했던 정치인이기에 가능한 생각이었겠죠.

21세기에 들어서면서 한국은 물론 중국의 수많은 학자들은 유교와 민주주의의 관계에 대해 다양한 논의를 내놓고 있어요. 이 물음은 단지 '그렇다' 혹은 '아니다'라는 방식으로 답할 수 있는 문제는 아니에요. 오히려 민주주의가 성숙해져 가면서 유교와의 관계를 어떻게 바라보느냐에 따라 다양한 답이 나올 수 있죠. 그렇다면 그 답은 우리가 어떤 사회를 만들어 나아가느냐에 달린 것 아닐까요?

질문하는 사회 08

똥에도 도가 있다고?

초판 1쇄 발행 2020년 6월 30일
초판 2쇄 발행 2021년 5월 31일

지은이 김시천 그린이 신병근
펴낸이 이수미
편집 이해선
북 디자인 신병근
마케팅 김영란

종이 세종페이퍼 인쇄 두성피엔엘 유통 신영북스

펴낸곳 나무를 심는 사람들
출판신고 2013년 1월 7일 제2013-000004호
주소 서울시 용산구 서빙고로 35. 103동 804호
전화 02-3141-2233 팩스 02-3141-2257
이메일 nasimsabooks@naver.com
블로그 blog.naver.com/nasimsabooks

ⓒ 김시천, 2020
ISBN 979-11-90275-19-4
       979-11-86361-44-3(세트)